料理人のための
ジビエガイド

上手な選び方と加工・料理

ラ・ブーシェリー・デュ・ブッパ　神谷英生

柴田書店

農作物被害とジビエ

　最近日本では、高度成長時の無理な植林、その後の管理者老齢化による山の管理不足、天敵であるオオカミの絶滅、猟師の老齢化、減少などさまざまな要因が重なり、鳥獣による農作物被害が増加傾向にある。

　この対策として、行政が後押しし、狩猟によって鳥獣数を調整し、その際に獲れた野生鳥獣肉を食材として利用しようという動きが活発になってきた。このため、これまでジビエを扱ってこなかったレストランにも、食材の一つとしてジビエが持ち込まれることが増えてきている。

　しかしながら、ただ獲っただけの鳥獣肉では"食材"にはなり得ない。これには、個体差や季節要因が大きく、すべてが食材としてベストな状態ではないこと、また狩猟の手法、血抜き、解体、冷却などの技術により、肉質に大きな差が生じることなど、さまざまな理由がある。

　また、調理にあたっては経験と知識が必要で、調理を一歩間違うと、かたくて臭みが強いだけの肉になってしまう。

　しかしながら、きちんとジビエのことを知らずに「国産ジビエは使いづらい食材」と一蹴するのは、あまりにももったいない。日本でレストランを営む以上、やはり有用な日本の素材を活かしてこその料理人ではないだろうか。

　国産ジビエはポテンシャルの高い食材である。料理人が狩猟をよく理解し、猟師や卸としっかりコミュニケーションをとって、ジビエのコンディションを猟師にフィードバックしながら、ともに「おいしく良質な食材」をつくり上げていけば、国産ジビエのすそ野はもっと拡がる。

　また、最近では真空低温調理法のようにジビエの特徴をうまく活かす調理法もあるため、それを知ることでジビエがこれまでよりもさらに一段使いやすい素材になるだろう。

　本書がジビエへの理解を深める一助になれば幸いである。

2014年9月　神谷英生

目次

はじめに——農作物被害とジビエ　3

第1章　ジビエの仕入れ知識　7

1　ジビエとは　8
　伝統的食材としてのジビエ　8
　ジビエの種類　8
　ジビエの魅力とデメリット　9

2　狩猟の解禁時期　9
　狩猟期間　9
　乱場と猟区　9

3　国産ジビエの生息分布と生態　10
　マガモ、コガモ　10
　タシギ、ヤマシギ　10
　キジバト　10
　ノウサギ　10
　ツキノワグマ　10
　イノシシ　10
　ニホンジカ　11
　都道府県知事による捕獲禁止規制　11

4　野生鳥獣の捕獲方法　12
　網による捕獲　12
　わなによる捕獲　12
　銃器による捕獲　13

5　ジビエの仕入れ方　14
　仕入れ方　14
　流通形態　14
　価格と品質　15

6　ジビエの適正価格　16
　免許と届出が必要な狩猟　16
　狩猟関連の維持費用　16
　狩猟の手間　16

　食用にするという手間　16
　過去の価格調査　17
　ジビエの適正価格とは？　17

7　ジビエが店に届くまで　18
　ジビエの流通工程　18
　「一時飼い」という選択肢　19

8　ジビエ取扱い上の注意　20
　旬を見抜く力、旬にないものを補う力を身につける　20
　ヒトとの共通感染症　20
　（表）食肉野生鳥獣に感染する主な人獣共通感染とその病原体　21

9　店での下処理と熟成　22
　イノシシ、シカ　22
　ツキノワグマ　22
　鳥類　22

10　食べてはいけないジビエ　23
　捕獲してはいけない鳥獣類　23
　ジビエ＝ゲテモノ食い、ではない！　23
　駆除期間中の流通で注意したいこと　24

第2章　野鳥　25

[水辺の野鳥]
真鴨（マガモ）　26
軽鴨（カルガモ）　30
小鴨（コガモ）　32
尾長鴨（オナガガモ）　34
嘴広鴨（ハシビロガモ）　36
葦鴨（ヨシガモ）　38
◎鴨猟名人に聞く　40
田鴫（タシギ）　42

[野山の野鳥]
雉鳩(キジバト) 44
日本雉(ニホンキジ) 46
山鴫(ヤマシギ) 48
山鶉(ヤマウズラ) 50
雷鳥(ライチョウ) 52
鵯(ヒヨドリ) 55
◎鳥類の下処理 56

第3章 獣 61

[大型の獣]
本州鹿(ホンシュウジカ) 62
蝦夷鹿(エゾシカ) 66
◎トムラウシのエゾシカ 72
猪(イノシシ) 82
熊(クマ) 92

[小型の獣]
野兎(ノウサギ) 94
◎手軽な熟成方法 100

第4章 ジビエ料理 101

ジビエのシャルキュトリ 102
道具と材料 102
鹿肉と白無花果のサラミ 103
鹿肉のモルタデッラ 105
＊付録/猪肉とピスタチオナッツのモルタデッラ 107

ジビエのモルタデッラ 108
本州鹿と白無花果のパテ 109
本州鹿のヴァリエ 110
猪とドライトマトのパテ 112

ジビエの料理 113

[鴨]
青首鴨とフォアグラのバロティーヌ 113
青首鴨の低温調理プラス炭火焼き サルミソース 114
青首鴨内臓のソテー ボルドー風 116
小鴨のラケソース 長期熟成シャルドネと柚子の香り 117
尾長鴨の炭火焼き ベルジュ風ブドウ酢のガストリックと
　　サルミペースト 118
軽鴨の北京ダック仕立て アプリコットソース 120
葦鴨のブロッシュ 121

[田鴨]
田鴨のフランベ 信州産VSOP 122

[雉鳩]
山鳩の炭火焼き 四恩醸造和製ポルトソース 123

[日本雉]
雉の酒粕入りパイ包み焼き 貴醸酒風味のクリーム
　　ソース 124

[山鴫]
山鴫のパイ包み焼き 125

[山鶉]
ペルドローグリの炭火焼き 白いんげんのソースムース
　　リーヌ 13年熟成梅酒風味 126
ペルドロールージュのパルマンティエ 128

[雷鳥]
雷鳥の炭火焼き 勝沼産デラウェア風味 129

[本州鹿]
本州鹿レバーのペルシヤード 甘酢風味 130
本州鹿の山葡萄風味の塩麴漬け 北条マデラワイン
　　ソース 131

[蝦夷鹿]
蝦夷鹿の炭火焼き 奥野田葡萄酒 澱上ワインソース　132
蝦夷鹿うで肉のフリカデル　134
蝦夷鹿モモ肉の岩塩包み焼き　135

[猪]
猪の炭火焼き 自然仕込み生原酒とジビエのコンソメ　136
猪バラ肉と和栗のポトフ　138
猪骨付きロース肉のシンプル炭火焼き　139

[野兎]
野兎のロワイヤル　140

[熊]
南会津産つきのわ熊のモモ肉のロースト　142

[その他]
ジビエのキュリー　143
ジビエのカスレ　144
本州鹿のブーダンノワール　145

フォン・コンソメ・ソース・生地　147
つけ合せ　149

著者紹介　151

撮影/天方晴子
デザイン/中村善郎(Yen)
編集/佐藤順子

凡例

・第2章は野鳥(水辺の野鳥・野山の野鳥)、第3章は獣(大型の獣・小型の獣)に分類した。
・第2章、第3章とも、とくにことわりのない場合は、国産ジビエについて解説している。
・本書で紹介するジビエは、レストランの料理によく使われるものが中心。
・第4章では、とくにことわりのない場合は国産ジビエを使用している。またこれらはすでに適切な熟成を施したものを使用している。おのおのの熟成方法については、第1章、第2章、第3章を参照のこと。
・ジビエやワインなどの情報および価格は、2014年7月現在のもの。

第1章

ジビエの仕入れ知識

1 ジビエとは？

伝統的食材としてのジビエ

　ジビエ（仏：gibier）とは、狩猟によって得られた野生鳥獣の肉を指す。しかしながら、食材として流通にのるものは、生涯野生のもの（仏：sauvage）と生け捕りにして育成したものや繁殖して一定期間野に放ったもの（仏：demi sauvage）の2種類がある。また一部、完全飼育のものも流通にのっており、それをジビエと称して扱っていることもある。輸入されるシカ肉、イノシシ肉については、国内への感染症持ち込み防止のため国同士で衛生要件が決められており、それを遵守するものしか輸出入できないことから、すべて飼育されたものである。

　もともとフランスをはじめとするヨーロッパ、アメリカなどでは野生肉を食材としてたしなむ文化が古くから存在した。なかでもフランスではジビエを高級食材として楽しむ文化が根強くある。その他の国でも、一般家庭の食卓に野生肉が上ることも珍しくなく、広く食材の一つとして浸透している。

　日本では、江戸時代に一時期肉食が禁止されたこともあり、海外ほど食肉としての文化は定着していないが、それでもマタギとよばれる猟師がイノシシやシカ、カモなどを自家用食肉として捕獲する文化は長らく存在し、牡丹鍋、熊鍋などといった独自の調理方法も慣例として残っている。しかし食材としては一般的とは言いづらく、食べにくい、手に入りにくいというイメージがまだまだ強い。

ジビエの種類

　ジビエと一口に言っても、その種類は鳥類、イノシシ、シカ、クマなど多岐にわたる。日本で狩猟により捕獲が許されているものは以下の通りだが、レストランでおもに食材として利用されるものは色文字にした。また一部地域では鳥獣保護の観点から狩猟が禁止されているものもある。これについては「国産ジビエの生息分布と生態（→p.10）」で詳述する。

◎陸ガモ類
マガモ（コルヴェール、仏：colvert）、
カルガモ、ヨシガモ、
コガモ（サルセル、仏：sarcelle）、
オナガガモ、ハシビロガモ、ヒドリガモ

◎海ガモ類、その他水鳥
ホシハジロ、スズガモ、キンクロハジロ、
クロガモ、ゴイサギ、バン、
タシギ（ベカシーヌ、仏：bécassine）、
ヤマシギ（ベカス、仏：bécasse）、
カワウ

◎キジ類、キジバト
エゾライチョウ、コジュケイ、
ヤマドリ、キジ、
キジバト（ピジョン ラミエ、仏：pigeon ramie）

◎その他鳥類
ニュウナイスズメ、スズメ、
ヒヨドリ、ムクドリ、ミヤマガラス、
ハシブトガラス、ハシボソガラス

◎リス類、クマ類、シカ、イノシシ
ノウサギ（リエーヴル、仏：lièvre）、
ユキウサギ、タイワンリス、
シマリス、ヌートリア、
ヒグマ、ツキノワグマ、
イノシシ（サングリエ、仏：sanglier、
ウリボウ；マルカッサン、仏：marcassin）、
ニホンジカ（シュヴルイユ、仏：chevreuil）

◎その他獣類
アライグマ、タヌキ、キツネ、
テン、イタチ（♂）、ミンク、
アナグマ、ハクビシン、ノイヌ、
ノネコ、チョウセンイタチ（♂）

ジビエの魅力とデメリット

ジビエの魅力は、なんといっても圧倒的な運動量によって生み出される肉の締まり、歯応え、そして野山の恵みをたっぷりと食べることで得られる味の深み、熟成によって得られる独特の香りにある。また、旬を感じる食材であることもその一つである。

一方で、そのままでは独特の臭みが強く、それが理由でジビエを苦手視する人も少なくない。また、季節、年齢、性別、地域などで肉質や味が左右されるため個体差が大きく、人に育てられた牛や豚、ブロイラーの比較的一定した肉質に比べると扱いづらいというデメリットがある。誰にでも一朝一夕に使いこなせる食材とは言いづらく、調理にあたっては経験とジビエへの知識を持つことが必要不可欠になっている。

2 狩猟の解禁時期

狩猟期間

日本では、基本的に狩猟期間が限定されている。解禁日は毎年11月15日と決まっており、期間の終わりは2月15日である。この時期は、野生鳥獣が冬越しと春の繁殖を前に、最も栄養を蓄え肥えたタイミングである。

北海道は気象条件などの違いから、独自に狩猟期間を設定している。また、青森県、秋田県、山形県では、カモ猟のみ11月1日～1月31日という期間を設定している。

この他、2002年（平成14年）から特定鳥獣保護管理計画制度に則って、一部地域で爆発的に増殖している種（北海道道東地域のエゾシカ、奈良県大台ケ原のニホンジカなど）は、地方自治体による狩猟期間の延長が認められている。

最近は、ニホンジカやイノシシによる農作物鳥獣害が増えているため、作物の収穫時期となる夏場でも害獣対策を行なっている自治体は増えている。

乱場と猟区

よく間違えられるのが、「猟区」の解釈である。猟区とは、野生鳥獣の保護を目的として、管理者を置き、積極的に育成した幼鳥獣を放すなどの管理が行なわれている地区である。また、安全な狩猟を行なうことも目的としている。ここでの狩猟については、入猟者数（事前登録が必要）、入猟日、捕獲種、捕獲数などの制限が行なわれる。

一方、禁猟区と私有地以外であればハンターの裁量で捕獲ができる方法のことを「乱場方式」という。11月15日～2月15日という狩猟期間が設定されているのは乱場で、猟区には下の表1の他、独自に狩猟期間が設定されている場合もある。

表1

	都道府県	4	5	6	7	8	9	10	11	12	1	2	3
乱場	北海道以外								11/15～2/15				
	北海道							10/1～1/31					
	青森、秋田、山形のカモ猟								11/1～1/31				
猟区	北海道以外							10/15～3/15					
	北海道						9/15～2月末日						

狩猟読本（平成26年度版）を改変

3 国産ジビエの生息分布と生態

　ジビエを利用する上で、いつ、どこで、どのようなものが獲れるのかを理解することは大変重要になる。なぜなら、それが肉質や仕入れに大きく影響してくるからである。第2章では種類別に詳解するが、ここでは主要なジビエについて生息分布と生態を解説する。

マガモ、コガモ

◎**分布**　冬季に日本へ飛来する冬鳥（越冬するために飛来する鳥）。全国的に渡来。一部、本州の山間地や北海道で繁殖。

◎**生態**　陸ガモの一種で、水に浮いたまま水草の葉や茎、植物の種子などを食べる。水辺近くの草むらに巣をつくる。繁殖期は4～8月、卵生。

◎**その他**　栃木県では準絶滅危惧種、長野県では地域個体群種として、レッドリスト（絶滅危惧）指定を受けている。

タシギ、ヤマシギ

◎**分布**　北海道では夏鳥、中部・東北地方では留鳥（一年中見られる鳥）、西日本では冬鳥。

◎**生態**　湿地、草地、農耕地を好み、林の中に営巣する。卵生。ミミズなどの動物を捕食する。夜行性。

◎**その他**　ヤマシギはその希少性から京都府では捕獲禁止条例が制定されている。また、ヤマシギの捕獲自粛を呼びかけている自治体もある。
タシギは兵庫県で危急種、滋賀県、大阪府、奈良県で準絶滅危惧種の指定を受けている。

キジバト

◎**分布**　留鳥。北海道や本州北部のものは越冬のため南下する。

◎**生態**　森林に生息。樹上や建築物など高い所に営巣する。1年中繁殖可能（周年）。雑食で、果実、種子、昆虫などを食べる。

ノウサギ

◎**分布**　北海道と沖縄を除く全国に分布。

◎**生態**　平野部、低山地、農耕地などに生息。草食性で草、樹皮、幼樹などを食べる。年に4回ほど出産する。胎生。

ツキノワグマ

◎**分布**　本州、四国、九州に分布。

◎**生態**　平野部から高山まで広く生息している。雑食で果実、樹皮などの植物を中心に昆虫、動物なども食べる。農作物、家畜の食害、人を襲うなどの被害も多い。暖地以外の個体は冬眠する。繁殖期は4～8月ごろ。胎生。

◎**その他**　レッドリストでは地域個体群種として登録されている。東京都、京都府、兵庫県、鳥取県、岡山県、広島県では都府県知事による捕獲禁止規制が発令されている（2013年現在）。

イノシシ

◎**分布**　北海道を除く全国に分布。

◎**生態**　平野部から山地にかけて生息、最近は農耕地でも多く確認されている。雑食性で、地中のイモ類、木の根、昆虫などを掘り返して採食する。警戒心が強く、環境の変化や人の気配に敏感である。行動範囲が広く十数kmの移動も確認されている。
胎生、12～翌2月頃に繁殖期を迎える。この時期のオスは体臭が強くなり、食用に向かない。また、繁殖期は餌を摂らないため、春にはやせ細る。子どもはウリ状の模様が背中に出ることからウリボウと呼ばれる。

◎**その他**　イノシシは農業における鳥獣害のトップ3に入る。シカなどが食べない地中のイモ類などの野菜も掘り返し食べる。
成体で体重70kg程度だが、成熟したオスになると100kgを超えることもある。また、興奮して突進してくることがあるため、捕獲には危険が伴い、猟には技量が必要となる。

ニホンジカ

◎**分布** 沖縄県以外の全国に分布。一部亜種に捕獲制限のあるものが存在する。

◎**生態** 俗に「ホンシュウジカ」「エゾシカ」と呼ばれているものはすべてニホンジカである。丘陵地から山地にかけて生息し、雪の多い地域では雪を避けて草地や海岸などに移動することがある。草食性。繁殖期は12～翌1月（エゾシカは9～10月以降）。

◎**その他** 鳥獣害被害における最重要種。農耕地における食害の他、冬季には食料の減少に起因し、樹皮などを食べることなどから、国定公園などの森林管理にも支障をきたしており、農林水産省、環境省など多方面から駆除やその後の活用について対策が進められている。

【参考文献】狩猟読本（平成26年度版）掲載の地図類

都道府県知事による捕獲禁止規制

鳥獣害が発生している一方で、種の保存の観点から鳥獣保護も行なわれている。これは地域により深刻度が異なるため、個別に都道府県知事により規制が発令されている。詳細は表2の通り。

表2

都道府県	鳥獣名	備考
北海道	ニホンジカ	一部期間（猟区を除く道内一部地域）
青森県	キジ（オス）、ヤマドリ（オス）	一部期間（県内全域）
岩手県	キジ、ヤマドリ	一部期間（猟区を除く県内全域）
岩手県	ニホンジカ	猟犬を使用する猟法の禁止（県内全域）
秋田県	キジ、ヤマドリ	一部期間（県内全域）
栃木県	アナグマ	県内全域
千葉県	ヤマドリ（オス）	一部期間（県内全域）
千葉県	キツネ	県内全域
千葉県	ニホンジカ	県内全域（網猟・わな猟捕獲数量制限）
東京都	ツキノワグマ	都内全域
石川県	バン、クロガモ	県内全域
京都府	ヤマシギ	府内全域
京都府	ツキノワグマ	府内全域
兵庫県	ツキノワグマ	県内全域
鳥取県	ツキノワグマ	県内全域
岡山県	ツキノワグマ	県内全域（島嶼を除く）
広島県	ツキノワグマ	県内全域
宮崎県	アナグマ	一部期間（県内全域）
宮崎県	イタチ（オス）	一部期間（県内全域）
宮崎県	キツネ	一部期間（県内全域）
宮崎県	テン（ツシマテンを除く）	一部期間（県内全域）
鹿児島県	キツネ	県内全域

【参考文献】狩猟読本（平成26年度版）

4 野生鳥獣の捕獲方法

　法によって認められている猟法（法定猟法）は4種類ある。その猟法に使う道具（法定猟具）は、それぞれ網、わな、装薬銃、空気銃である。

　これらの方法で猟を行なうには狩猟免許の取得が必要となる。上記の猟具を使うためには、それぞれに対して個別に免許の取得が必要となる。また、実際に捕獲するためには、狩猟をする都道府県に届け出て、狩猟者登録をしなければならない。

　狩猟を行なうさいは、法定猟法以外の方法を用いることが禁止されている。

網による捕獲

　法定猟具として認められている網には、無双網、はり網、つき網、なげ網の4種類がある。網の種類によって、猟具として活用できるもの、できないものがある。網を用いて捕獲するものの大半は鳥類で、その他ウサギなどの捕獲にも使われる。

　一度に大量捕獲ができる、失敗が少ないというメリットがある一方、狩猟が認められていない動物もかかりやすく、密猟などに活用される網も多いことから、仕掛けにあたっては厳しい規制が設けられている。

◎無双網
・鳥がおとりやまき餌に誘われて地面に降りたときに、地面に伏せておいた網を、離れたところからロープなどで操作することによって、鳥にかぶせて捕獲する網。穂打ち、片無双、双無双、袖無双の四つに分類される。

◎はり網
・空中などに網を張っておき、獲物が触れた衝撃で網に絡まって捕獲できる仕掛け。
・ウサギ網、谷切網、袋網の三つに分類される。種類としてはこの他「かすみ網」もあるが、非狩猟鳥を混獲するため、所持および使用が厳しく規制されている。ノウサギ、ユキウサギの捕獲以外では、はり網を張りっ放しにしておくことは禁止されている。

◎つき網
・長い柄のついた網を手に持ち、草むらなどに隠れている鳥に突きだすようにしてかぶせて捕獲する網。主にタシギの捕獲に使う。

◎なげ網
・柄のついた網を、飛んでくる鳥に向かって投げ上げ捕獲する網。坂網、坂取網とも呼ばれる。カモなどの猟に使用される。

わなによる捕獲

　わなには、くくりわな、箱わな、箱おとし、囲いわなの4種類がある。

　囲いわなについては、農業者や林業者が被害防止の目的で設置できる場合がある。

　ヒグマ、ツキノワグマ、鳥類の捕獲には、わな全般の使用が禁止されている。ジビエとなるものでは、イノシシ、シカの捕獲がわなで行なわれることが多い。

　1回当たりのわなの設置個数、一地域当たりでの設置個数などが定められている。鳥獣害対策としての捕獲実績が多いのもわな猟である。

　銃による捕獲の場合、可食部に銃弾による損傷が起こる可能性がある。また損傷部からの出血で後ほど行なう放血（血抜き）が不充分になり、肉に臭みが残りやすくなるが、くくりわななどの方法を使うと、生きたまま捕獲し、外傷をつけないため、止め刺し（以前は棒で脳天を割る方法が一般的だったが、今は危険性をかんがみて、銃での止め刺しが一般的）から放血までを迅速に行なうことができ、臭みの少ない食肉にすることができる。

　一方で、わなから逃げようと、わなにかかった脚を無理に引っ張ったり暴れたりすることから、わなにかかった側の筋肉を傷めたり、体温が上がって肉に影響するため、食材として使い物にならない場合がある。

◎くくりわな
・鳥獣の通り道などに設置しておいたワイヤーなどの輪によって、鳥獣の足や首、からだをくくり捕らえるわな。
・ひきづり型、はねあげ型、鳥居型、ピラミッド型、バネ式、筒式イタチ捕獲器（使用が禁止されている）に分類される。
・輪の直径が12cmを超えるくくりわな、締つけ防止金具が装着されていないくくりわなの使用は禁止されている。イノシシ、シカは、よりもどしが装着されていないくくりわな、ワイヤーの直径が4mm未満のくくりわなの使用が禁止されている。
・また人の生命に重大な危害を及ぼす可能性のある、獣をつり上げるような構造のわなについては使用が禁止されている。

◎箱わな
・一般的にイメージされるわなは箱わなで、檻の中に餌を仕掛け、獲物が檻に入って餌をくわえると入口が閉まって閉じ込める仕掛け。木製片開き型、木製両開き型、金属製両開き型の3種類がある。

◎箱おとし
・箱のなかに獲物が入り込むと、重りを載せた天井が落下し、閉じ込める仕掛け。
・ただし「さん」と呼ばれる留め具がなく、重りで圧殺してしまうものは、禁止猟具である「おし」の一種であるため、使用が禁止されている。

◎囲いわな
・箱わなと同じく、箱内に餌を仕掛け、それを獲物がくわえて引っ張ることで、出入り口が閉まるようになっているわな。名前の通り、囲ってあるだけで天井がないのが特徴。
・農業者が鳥獣害防止を目的に設置する場合には、狩猟免許や狩猟者登録は不要だが、猟期や頭羽数制限などの各種捕獲規制は遵守しなければならない。

銃器による捕獲
　銃器は大きく分けて二つあり、装薬銃（火薬の爆発を利用して弾丸を発射するもの。散弾銃、ライフル銃）と空気銃（空気やガスの圧力で弾丸を発射するもの）がある。
　銃器による狩りは数人体制のチームで行なうのが一般的。

◎散弾銃
・装薬銃。弾丸には、粒状の複数の散弾と一粒のものがある。近射用。鳥類やノウサギなどの小型獣の捕獲に用いられるのが一般的である。ツキノワグマ、ヒグマ、イノシシ、シカの捕獲にも使用できる。
・複数散弾の場合のメリットは、捕獲率が上がるという点である。一方で、1匹の獲物に複数の弾丸が撃ち込まれることにもなり、可食部の損傷、出血が多く、肉の臭みに影響する他、すべての弾丸を摘出することが難しく、ときに調理したものに弾丸が残ることがある。

◎ライフル銃
・装薬銃。遠射用の銃で、イノシシ、シカ、ツキノワグマ、ヒグマなどの大型獣の捕獲にのみ使用される。1弾の命中精度は散弾銃よりも高い。
・デメリットは遠射のため猟師の腕のよさが重要になること、また可食部に弾丸が撃ち込まれる可能性が高くなることである。
・メリットとしては、熟練した猟師になると、非可食部である頭を狙って1発で仕留めることができるようになるため、可食部に一切の傷がつかず、また逃げ回ることによる体温上昇、筋肉の破損を最小限にとどめることができるため、食肉としてバリューが高くなる。
・長野県におけるニホンジカの活用例では、食材として供給する場合の捕獲方法は、銃に限ることをマニュアル化しているものもある。

◎空気銃
・火薬を使用しないため発射速度が遅く、弾の威力が弱いため、小型獣、鳥類での使用が限度である。シカの捕獲に使えないわけではないが、食肉としての放血を考えると、1発で迅速に仕留めることができない空気銃は向いていない。
・わな猟の止め刺しは、近距離発射が可能なため、火薬臭を残さないために空気銃にこだわって利用する猟師もいる。

5 ジビエの仕入れ方

仕入れ方

　ジビエを仕入れる場合、ルートは大きく分けて3つある。

　一つは、すでに店で取引きのある仕入れ業者、肉屋に依頼する方法である。都市部のレストランの8割程度はこの方法でジビエ肉を仕入れることになる。肉屋に頼めば、商品ラインナップ、価格のリストを提示されるので、そこから品質や価格について交渉を行なっていくことになる。

　二つ目は、猟師と取引きのある地方の肉屋から仕入れる方法である。手近にジビエ専用の食肉処理施設がない猟師（とくに関東）は、地元の肉屋に現地渡しで放血した野生獣を買い取ってもらうことが多い（丸1頭の「動物」の状態であれば、猟師が他人に譲渡することが認められている）。肉屋は買い取った野生獣を持ち帰って自社の処理施設で処理し、地元旅館やレストランに卸すことになる。この方法が残りの2割程度だ。

　三つ目は、食肉処理施設を持っている猟師（料理人であることが多い）から直接仕入れる方法である。これは北海道のエゾシカに限ったルートで、本州の場合はほとんど肉屋を介して流通するのが一般的である。

　私の店では、直接食肉処理施設を持つハンターから仕入れることが多いが、これも長年の取引きとお互いの信頼関係があってのことで、一朝一夕には関係構築は難しい。

流通形態

◎**四足動物（シカ、イノシシ）**
・流通は枝肉（1頭分）、半丸枝肉（半頭分）、四半身、部位（パーツ）のいずれかで行なわれる。
・四半身はジビエ独特の解体法である。豚肉などは肩、モモ、胴部分の三つに分けて流通させることが多いが、シカ、イノシシは体躯があまり大きくなく、モモや肩が小さいことから、内臓除去後に背を割り、さらに胴を半分に割って4分割する。これが四半身である。

・シカは骨付き流通がほとんどで、歩留まりはエゾシカで65％程度、ホンシュウジカで50％程度である。一方、イノシシは歩留まり50％程度が妥当なところだ（いずれも端肉込み）。コストを考えると半丸や枝肉で購入したいところだが、まず考えなければいけないのは何に使うのか、要はどのようなメニューとして提供するのかということである。

・各種パーツを無駄なく同時に使えるのでなければ、半丸で購入する意味がない。端材まで使い切るメニューづくりが難しいのであれば、部位購入が最もリーズナブルである。店での用途を考えながら、最も経済的な仕入れを考えたい。

・また冷蔵庫の空きが確保できることも重要だ。ジビエは充分な熟成により味が大きく飛躍する。熟成期間については後述するが、仕入れた後に熟成できるだけの冷蔵庫の余裕がなければ、半丸仕入れは不可能だ。ここもしっかり検討しておきたい。

◎クマ

・クマは上半身が発達していること、体躯が大きいことから、枝肉や半丸での流通は行なわれず、脱骨済みのものが部位別に流通する。

・部位もかなり細かく分けられており、内臓も漢方薬などとして重宝されることから個別に流通している。

◎鳥類（カモ類、ハトなど）

・鳥類は、羽付、内臓が入ったままの状態で流通し、レストランで羽毛をむしり、内臓を取り除くのが一般的である。

・最近では、少ないながらも羽毛を取り除いた状態まで処理して流通させる専門業者も出てきた。

価格と品質

　肉屋に依頼すると、商品ラインナップと価格を提示される。このときに考慮したいのが、品質、カット、歩留まり、そして価格とのバランスである。

　シカ、イノシシは肉質によりA、B、Cの3ランクに分けられている場合が多い。イノシシはAランクとなると5,000円/kgを超える高級品である。クマはランク付けはないが、旬の時期だと5,000円/kg以上、夏場の駆除で出回る場合でも3,000円/kg以上はする。

　ジビエ流通において、業者（商社など）は「当たりハズレがあって当たり前」というスタンスで肉を販売している。当然、野生肉である以上、生育環境、餌、年齢、性別、体調（疾病などにかかっていないか）などが一定せず、肉質はかなりバラつく。とくに鳥類は羽をむしり、内臓を開けてみないと状態が分かりにくいため、ハズレを掴んでしまうことも少なくない。そうはいっても業者もプロなので、どのレストランにどのような質の肉を卸すのかは、業者のさじ加減次第になってくる。

　日本では、料亭や旅館などでジビエ肉を提供する文化がもともとあるが、このような店ではよいものを無条件に高く買い取る。当然業者はこのような店に品質のよいものを送る。では、我々がよりよいものを仕入れるためにはどうすればよいのか？

　それにはとにかく数をこなして、自分の目を磨くしかない。使う側が質を見極められる目をもって交渉しなければ、いつまでも欲しいと思う品質のジビエ肉を仕入れることはできない。

　品質がある程度見極められるようになれば、業者も料理人の腕と希望価格に見合った商品を提示してくるようになる。

　ジビエは、家畜肉以上に品質の判断が難しいからこそ、面白みがある。その部分の目利きもジビエの魅力として楽しんでいってもらいたい。

6 ジビエの適正価格

　ジビエの価格について語るとき、よく聞くのは「餌代のかからない野生肉なのに高い」という声である。「駆除でとったものだから安くて当然。それに付加価値をつけるのが、ジビエ料理」などというメディアもある。しかし、それは猟やジビエ流通の現状を知らないから言える言葉だ。

　たしかに天然物のジビエの価格、いくらが適正か、という問題は議論に上がる。とはいえ、安く仕入れたい我々レストランの思惑だけではなく、猟師や食肉処理場が再生産可能な価格を知り、適正な対価を払っていくことがジビエを食材として安定供給してもらうためには重要だと考える。

　そこで、狩猟や処理場でかかる費用と手間について紹介するとともに、過去に行なわれた市場調査のデータを併せて見ていきたい。

免許と届け出が必要な狩猟

　他の項目でも説明したが、狩猟を行なうためには、使用する猟具ごとに免許を取得する必要がある。また、免許があれば狩猟ができるかというと、そうではない。毎年狩猟を行なう都道府県の知事に届け出て、狩猟者登録の申請をしなければならない。

　また、銃を使用する場合は、銃刀剣類等所持取締法（いわゆる銃刀法）に基づく銃の所持許可も必要となる。

狩猟関連の維持費用

　銃を用いる場合は、銃（10万円〜）、弾丸（1発約80円）が必要となる。わな（市販わな）の価格は数千円〜数十万円とかなり価格に開きがある。食材としてベストな状態にするためには、狩猟の方法にもこだわらなければならず、また狩猟自体が常に命の危険にさらされる行為であるため、道具は何でもよいというわけにはいかない。もちろん、必ず1発の弾丸で仕留められるわけでもないし、銃もわなも定期的にメンテナンスが必要である。また、万が一危険な目に合っても最低限の怪我で済むようなウェア、鳥獣を止め刺し、さばくためのナイフ類など、細々した必要品がある。

　単に鳥獣害対策として狩猟を行なった場合は、止め刺しのあとで埋めてしまえばよいが、食肉にする場合には、それを持ち帰らなくてはならないため、車なども必要となる。

　また、銃による猟の場合は猟犬を使うことも多く、犬の餌、管理に維持費がかかる。

狩猟の手間

　出荷をしたいときに在庫がある家畜と違って、狩猟は常に獲物を探す労力がかかる。日がな1日歩いても獲物が見つからないこともあれば、わなを仕掛けてもかからないということも少なくない。

　また、シカやイノシシなどの獲物がいる場所は、基本的に獣道のある歩きづらい所であり、70kgを超えるイノシシを捕獲する場合には、猟師自身にも生命の危険が伴う。このような労力やリスクに対しても、充分な配慮が必要となる。

　害獣駆除（おもにイノシシ、シカ）には行政から1頭当たり約1万2,000円という手当が出るが、危険手当にしては安すぎる。諸経費を差し引くと、赤字になることも少なくない。

　さらに、先に述べた通り、すべての野生鳥獣肉が流通にのるわけではない。商品価値が低く処分されるもの、持ち運びが難しいために、やむなく埋設処分するものなどが出てくる。つまり、ジビエはかなり生産効率が悪い食材なのである。

食用にするという手間

　猟師が自分で獲った獲物を食べることは許可されており、また丸1頭、内臓などがついたままで「動物」として他人に譲渡することも認められている。

　しかしながら、実際流通にのせてレストランへ卸すとなると話は別である。内臓の処理、解体をした「肉」を譲渡、販売する場合は「食品衛生法」に則って、都道府県知事が許可した食肉処理施設に持ち込み、解体処理しなければならない（→p.18「7 ジビエが店に届くまで」）。

食肉処理施設というと牛、豚の処理施設を想像するが、野生で生きてきた鳥獣類は衛生管理がなされていないため、牛や豚と施設を共有することができない。

　そのため、基本的にはジビエ対応の専用施設、そしてそこからの排水を処理する浄化槽が設置されるのが一般的だ。

　このジビエ専用の食肉処理施設の問題は、処理数が絶対的に少ないという点にある。店を経営するみなさんならお分かりになるように、設備をつくった以上、できるだけ回転率を上げ、固定費としての負担を少なくしていくことが重要になる。また、減価償却もかかってくる。

　しかし、ジビエは処理数が少ないために、1解体当たりにかかる料金が高い上、施設を維持するための経費がかさみ、赤字に陥っているところも少なくない。

　この費用をどこに転嫁するかと言われれば、今は肉の販売価格に上乗せするか、猟師からの買い上げ価格を下げるしか方法はないのである。

　最近、行政の運営する食肉処理施設が増えてきたが、このような場所の場合は後者を採用していることが多い。処理施設での買取はおよそ6,000円/頭、一方で肉屋などでの買取価格はシカ1頭買いで800円/kg（1頭当たり約3万円）、イノシシが毛付きで1,000円/kg（1頭当たり約5万円）と大きな開きがあるため、猟師は食肉処理場を利用しなくなり、ますます処理数が減って開店休業の処理施設もある。

　問題は山積みのようだが、誰でも安心して食べることができる食材にするためには、衛生の専門家のもとで処理されていることは必須条件となる。処理施設をどう運営していくか、使う側のレストランが積極的に関わりながら状況改善していくことができればベストだと思っている。

過去の価格調査
◎イノシシの価格
・仮にイノシシの体重が60kgと仮定すると、内臓と骨をはずすとおおよそ肉（正肉）は40kgくらい確保できるのが一般的である（正肉歩留まり60〜80％）。
・古い資料だが、朝日新聞が1985年に行なった調査では、イノシシ1頭当たりの販売価格は2,000〜4,000円/kg（肉質により異なる）、正肉単価は800〜1,200円/100gだった。この価格は流通段階のもので、実際は中間業者が入るため、手数料などが引かれて、ハンターの取り分は8万〜15万円程度だったということだ。
・現在、長野県の日野町猟友会が実施している例（春〜夏限定）では、1歳のイノシシ（約10kg、皮付き）は現地引き取り価格が3,000円/頭、2歳（約20kg、皮剥ぎ）で1万円/頭で流通している。冬は鍋需要で価格が3倍程度に上がるため、レストランへの供給は行なっていない。

◎シカの価格
・日野町猟友会では、1頭当たり1万3,000〜1万5,000円/頭（現地引き取りのみ）、背ロース3,500円/kg、骨付ロース（ロングローイン）3,000円/kg、モモ（骨なし）1,500円/kgで提供している。これも期間は需要期を除く春〜夏のみである。

ジビエの適正価格とは？

　では、適正な価格とは何だろうか？　ここで紹介したような原価、労力を加味した上で、価格設定をしていくことはまず大前提だろう。供給できなければ、食材としての意味も価値もなくなってしまう。

　そして、レストランとしては売れる部位に付加価値をつけていくことが重要だと思う。私は背ロースやロースは熟成肉、モモ肉は生ハムやサラミ、端肉はシャルキュトリ用として部位別に細かく価格調整をすべきだと考えている。また、明らかに質の悪いものは流通させないというコンセンサスが重要だろう。

　猟師、流通、レストランで納得がいくまで協議し、よりよい状態で流通させることができるのであれば、そこへきちんと価格を上乗せしていくことも考慮していくべきだ。

　猟師の名前だけでブランド化がされるのではなく、

商品価値が価格に転嫁されるような体制づくりが必要である。

【参考文献】
「ジビエを食べれば『害獣』は減るのか-野生動物問題を解くヒント」（和田一雄著、八坂書房刊）
「うまいぞ！シカ肉-捕獲、解体、調理、販売まで」（松井賢一、藤木徳彦、竹内清、長谷川直、中村勝宏共著、農山漁村文化協会刊）

7 ジビエが店に届くまで

ジビエの流通工程

ジビエは、捕獲後、放血（血抜き）→内臓摘出→皮剥ぎ→分割・脱骨→精肉（加工）→販売という流れで飲食店などに届く。

国産ジビエは、食品衛生法のもと、取引きが行なわれている。ハンターの自家消費の場合を除き、食品衛生法では捕獲後に野外で処理できる区分としては放血（血抜き）までと定めており、その他の工程を営業許可施設（営業許可を所得したハンターの施設含む）で処理したものしか流通させることはできない。

◎捕獲・放血

・捕獲方法については、別項を参照していただきたい。捕獲された獲物は、速やかに放血する。血液が死後体内に長く留まると固まり、放血がしづらくなる。また残った血は時間がたつと空気に触れて酸化するため、血生臭さにつながるからである。
・ジビエ独特の悪臭はこの放血の技術不足、放血までの時間経過に由来するところが大きい。心臓がまだ動いている状態で放血すれば、心臓の脈動により血が順調に外に送り出され、体内に血液が残りづらい。
・鳥類は頸動脈を切って、逆さに吊るし放血する。シカは心臓上の動脈を狙って、止め刺しと同時に放血を行なうことが多い。イノシシは銃でまず脳天を打ちぬいて止め刺しをしたあと、心臓動脈や頸動脈から放血する。逆さに近いかたちに吊るし上げるか、山肌に頭を下向きにして寝かせると、放血が早まるため効率的である。
・鳥類は放血後、食肉処理施設からそのままの姿で流通にのるのが一般的である。最近では、羽抜きまで行なう業者もあり、かなり品質も安定してきた。調理場での処理を嫌う人は、こういうものを使う手もある。ちなみにカモなど放血せずにと殺した場合は、食肉処理施設を通さずに流通させることができる。

◎内臓摘出

・獣類は放血が終わったら、すぐ処理施設へ持ち込み、体表面の汚れを高圧洗浄機などで落として、内臓を摘

出する。
・内臓摘出のさいは、腸内容物が流れ出ないように食道と腸を結束し、ナイフなどで破らないように慎重に作業を行なわなくてはならない。これは、腸内の病原体や糞便などによる肉の汚染を防ぐためである。
・また同様の理由から、内臓に触った手で肉に触れないよう細心の注意を払う必要がある。猟師によって方法は異なるが、後ろ脚を吊り下げて行なうと、汚染リスクが少ない。
・放血から内臓摘出、また次の工程である冷却まではできれば30分以内、猟場が遠く難しい場合でも1時間以内に行ないたい。シカ、イノシシとも体温は通常40℃程度だが、捕獲時に逃げ回っていたり、わなにかかって暴れていた場合は、さらに体温が上昇している。肉は長時間高温にさらされると腐敗につながる上に、体温が高くなっているので肉が傷んでしまうため、きれいで冷たい水に30分ほどつけて冷却する。

◎皮剥ぎ
・肉の温度が下がったら、ウィンチなどで後ろ足を吊り下げて皮を剥ぐ。野生獣の皮にはダニがついていることが多い。高圧洗浄で、ある程度汚れと一緒に取り除くことができるが、完璧に取り除くことはできないため、ダニに噛まれないような装備で処理する必要がある。ダニは人獣共通感染症を媒介するため（→p.20「8 ジビエ取扱い上の注意」）、充分な注意が必要である。
・専用の鋭利なナイフで、皮を削ぐようにしながら剥いでいく。ナイフで削ぐ人、皮を引っ張る人（皮を引っ張ると処理しやすい）の2人一組で行なうことも多い。

◎解体・脱骨
・皮剥ぎが終わったら、頸部にナイフを入れて頭部を切り落とし、販売先のニーズに合わせてパーツに解体していく。また、骨を取り除いて（脱骨）流通させる場合もある。ただし、脱骨をすることにより、熟成のさいに骨を取り除いた分、表面積が広くなり、ロスが多くなる。また、骨に結着している肉は旨みが強いため、ジビエの野趣を表現する意味でも、骨付きの状態での流通、店での熟成、提供も考慮したい。

◎流通
・地元の肉屋、処理免許を持つシェフ、レストランの出入り業者、卸などいくつかのルートが存在する。適正に法に従って処理された、安全な食肉としてジビエを定着させるためにも、信頼できる窓口からの仕入れを行ないたい。
・違法に出回った肉に何か起これば、正規のルートで流通している肉や扱っているレストランもダメージを受ける。飲食業者は、そのリスクを自覚して、取引き先を慎重に選ぶべきだ。

「一時飼い」という選択肢

ジビエの欠点は、季節、性別、年齢などの個体差が大きく、味のバラつきが大きいという点である。その点を克服する方法の一つとして、わなで捕獲した獲物を一時的に飼養施設に収容して飼い、その後出荷する「一時飼い」がある。自治体により禁止されているところもあるが、私はこの方法が肉質を落ち着かせ、扱いやすくする打開策ではないかと期待している。

とくに加工品の材料としてジビエを使うときには、捕獲後すぐにと畜されたものと、一時飼いされたものとでは、かなり使用感が異なる。圧倒的に一時飼いのほうが使いやすく、味もなじみがよい。

施設や餌という問題が出てくるが、猟師の皆さんには、ぜひレストランとの連携のなかでこのような形も模索してもらいたい。

8 ジビエ取扱い上の注意

**旬を見抜く力、
旬にないものを補う力を身につける**

　ジビエを扱う上で最も重要なのは、大型の獣、小型の獣、野山の野鳥、水辺の野鳥、すべての旬の状態をいかに見抜くかということだ。

　家畜肉と違い、肉が最高の状態は1年のうちほんの数ヵ月。その他の時期は肉が手に入ったとしても、どこかでバランスが崩れている。そのピークと落ちたときの違いを理解し、料理人が何を除き、何を加えるかがジビエ料理のポイントになる。

　イノシシやシカであれば旬は冬場のせいぜい1ヵ月半、ツキノワグマは年中駆除が行なわれていて手に入るが、やはり夏場は質が落ちる。

　渡りの野鳥も冬場が最も脂がのっており旨い。この時期の肉が旨いのは、どの生き物も年が明けると訪れる繁殖期に備えるためである。繁殖期がすぎると、どのジビエも一気に味が落ちる。その上、夏はバテて餌を食べなくなりがちで、肉質が悪くなる。そのため、それぞれの繁殖期を知ることは、旬を理解する助けになる。「国産ジビエの生息分布と生態（→p.10）」を参照していただきたい。

　ただ、ここ数年は温暖化の影響で旬が短くなっている。これは旬の後に来る繁殖期が前倒しになっているためだ。卸や猟師などと密に連絡をとりながら、そのあたりの情報も仕入れたい。

　そして何より、ジビエのベストな状態を知るためには、ひたすら使って自分で学ぶしかない。数をこなすことでしか、自分の目利きの力を養うことはできない。とにかく、ジビエを経験する機会を増やしていただきたい。

ヒトとの共通感染症

　にわかに信じがたいが、時折レストランでジビエの生肉を提供しているという話を聞く。お客様はレストランで提供されているものは安全と信じて食べているが、ジビエの生食はあまりにも危険だということをまず提供する側が理解しなければならない。

　表3ではジビエに関連する感染症だけ取り上げたが、国内で取れる野生鳥獣には、ヒトとの共通感染症（人獣共通感染症）がたくさんある。よく聞き慣れた高病原性インフルエンザやE型肝炎、寄生虫など、死の危険性が高いもの、後遺症を伴うものなど「少し体調を崩した」「食中毒になった」程度では到底おさまらない病気があることをよく知っておきたい。

　ここに挙げたのは分かっているものだけであるため、ごく一例だと考えたい。野生鳥獣はどこで何を食べているのか分からない、つまりどのような未知の疾病に感染しているか分からない。それをよく理解すれば、非加熱で肉を提供することなどできるはずもない。

　昔はマタギが生肉を食べる風習もあったが、とくにイノシシのE型肝炎などの知識が広まるにつれ、よく勉強している猟師は生食をしなくなった。

　昔ながらの猟師でまだ生食を行なう人もいるかもしれないが、それはあくまで"自己責任"であって、お客様にそれを提供するのとは話がまったく違う。

　厚生労働省の調査（2014年）では、中国地方で捕獲されたイノシシの30〜42％がE型肝炎ウイルスの感染歴があったという。九州地方で22％、関東地方で8％のイノシシがE型肝炎に感染したことが分かっている。E型肝炎は決してあり得ないリスクではないのだ。厚生労働省はジビエの生食を禁止するため、衛生管理要件について検討を行なうことになっている。

　仮に生肉を提供したレストランがあったとして、それが原因で1人でもE型肝炎になったとしよう。そうなればジビエの利用に規制がかけられるようになり、すべてのジビエを扱うレストラン、業者に影響が出る。きちんと加熱調理すれば安全な食材であるにもかかわらず、ユッケが禁止されたのと同様の扱いを受けるようになってしまうのだ。

　食べ物を提供する店として、正しい知識をもって、また「珍味を食べたい」というお客様の声に負けず、モラルをもってジビエを提供してもらいたい。

食肉野生鳥獣に感染する主な人獣共通感染症とその病原体

表3

病原体	引き起こされる感染症		
	病名	主な対象野生獣	ヒトの主な症状
ウイルス	狂犬病＊	アライグマ、キツネなど	不安感、恐水症状、興奮、麻痺などの神経症状、発症後は昏睡、呼吸障害、死亡（致死率100％）
	ウエストナイル熱／脳炎＊	野鳥、ウサギなど	突然の発熱（39℃以上）、頭痛、筋肉痛、ときに消化器症状、リンパ節腫脹、発疹（胸、背、上肢）、多くは1週間で回復、倦怠感が残ることも多い
	サル痘＊	サルなど	天然痘に似た発痘、発熱など。ただし、感染力および致死率ははるかに低い
	高病原性インフルエンザ	鳥類、哺乳類全般	結膜炎、発熱・咳など（ヒトの一般的なインフルエンザと同様の症状だが、多臓器不全で死に至る重篤なものまでさまざまある）
	重症熱性血小板減少症候群（SFTF）	シカ、イノシシ、アライグマなどに寄生するマダニによって引き起こされる	発熱、嘔吐や下痢の症状が出て、血液中の白血球や血小板の数が減少し、致死率も低くない
	E型肝炎	イノシシ、シカなど	発熱、全身倦怠、悪心、嘔吐、食欲不振、腹痛などの消化器症状や黄疸。潜伏期間は平均6週間。致死率1～2％
細菌	細菌性下痢	霊長類（サルなど）	急激な発熱、下痢、しぶり腹、急性大腸炎（粘血便）
	野兎病	野生げっ歯類（ウサギなど）、野鳥	発熱、悪寒、関節痛、菌の侵入箇所のリンパ節腫脹
	仮性結核	偶蹄類（シカ、イノシシなど）	胃腸炎、虫垂炎、泉熱様疾患、発熱、発疹
リッチケアクラミジア	Q熱	野生動物、鳥類	インフルエンザ様症状、悪寒、戦慄を伴う急激な発熱、頭痛、食欲不振、全身倦怠、気管支炎、肝炎、髄膜炎、心内膜炎。多くは自然治癒。不顕性感染もあり
	オウム熱	鳥類（ハトなど）	インフルエンザ様症状、突然の発熱、咳嗽、全身倦怠、筋肉痛、頭痛、関節痛
寄生虫	エキノコックス	キツネ	上腹部の不快感、膨満感、腹痛、肝機能障害、腹水、黄疸、重度の肝機能不全

＊近年日本国内では感染動物の報告はない。
2014年厚生労働省調査

9 店での下処理と熟成

　ジビエが敬遠される理由の一つが独特のにおいである。ここでは香りと区別して、においを悪臭、不快な臭みと定義したい。これをクリアする手法が熟成と乾燥である。熟成なくして、おいしいジビエ食はあり得ない。

　また、適切な下処理がその熟成をサポートする。熟成期間は多少好みもあるが、ここでは当店で行なっている熟成について解説する。

◎イノシシ、シカ

・四つ足のポイントは、魚と一緒で"いかに生臭さをとるか"である。そのための手法が熟成と乾燥である。
・通常、半丸、パーツのいずれで注文しても、真空パックで送られてくるのが一般的である。死後硬直はすでに終わっているから、開封して皮剥ぎ、脱骨、掃除を済ませ、熟成庫で最低2週間は乾燥、熟成させる。こうすることによって、エゾシカ、ホンシュウジカは血のにおい、イノシシは土のにおい（イノシシは習慣として、泥の中でヌタウチをして体の寄生虫などをとったり、土を食べてミネラル補給を行なったりするため）が抜ける。2週間の熟成では、フレッシュ感は残しつつも、筋繊維に凝縮感のある仕上がりになる。

◎ツキノワグマ

・ツキノワグマは部位購入となるため、脱骨、掃除などの下処理を必要としない。しかし、体温が高く、死後も肉が熱を保つため、熟成や冷蔵保管には注意が必要だ。
・とくに上半身は熱がこもるため、3℃以上の冷蔵庫で保管すると腐敗する。常に0～2℃に保ち、湿度は0％の状態で30日間熟成する。

◎鳥類

・鳥類はほどよい熟成がよいと思う。
・海外産は流通に時間を要していることもあり、消化器官の発酵も進んでいるため、熟成を行なわず、入手後すぐに調理したほうがよい。飼育されたカモなど、羽や内臓のない"みがき"で納品された肉も熟成を考慮する必要はない。
・野生のものは、仕入れ後3日程度で羽をむしり、余分な産毛を直火であぶってから水洗いしたあと腸を抜き、よく拭いて、皮を乾かすようにしてさらに3日程度乾燥、熟成させる。
・よく羽には殺菌作用があるため、羽付きのまま冷蔵保存するのがよいと言われるが、羽付きのまま保存すると表皮が弱り、皮が破れやすくなる。鳥類は皮目も料理の大切な要素であることを考慮すると、早めの下処理、短期間の熟成が向いている。

10 食べてはいけないジビエ

捕獲してはいけない鳥獣類

　鳥類であれば何でも狩猟で捕獲してよいかというとそういうわけではなく、先に紹介した通り、狩猟鳥獣として指定されているもの以外は基本的には捕獲が禁止されている。しかし、シルエットが似ている、あるいは羽の色が似ているなどの理由から、狩猟種であると誤認されるものは少なくない。狩猟種に誤認されやすいものは以下の通り。

◎水鳥
ヨシゴイ、ササゴイ、ヒクイナ、
オシドリ、トモエガモ、ホオジロガモ、
ウミアイサ、マガン、オオバン

◎陸生鳥類
アオバト、カワラヒワ、ホオジロ、
カシラダカ、モズ、ツグミ、
カケス、オナガ

◎哺乳類
ニホンリス、イタチ（メス）、
オコジョ、モモンガ、ムササビ、
カモシカ、ニホンザル

　ニホンザルは保護指定されている地域や天然記念物指定されている地域がある一方、イノシシ、シカに並ぶ鳥獣被害トップ3に入っており、その農業被害は深刻になっている。このため、被害が著しい一部の地域では捕獲や駆除を行なう動きもある。しかし、当然ながらジビエとして提供されることはない。

ジビエ＝ゲテモノ食い、ではない！

　レストランのシェフとして、ジビエが食材として一定の認知を得てくる一方で、「野生肉であれば何でも食べてよい」というような風潮になってきていることを危惧している。

　とくに問題なのは、正規ルートを通さない流通により仕入れを行なっているケースだ。「食用にするという手間（→p.16）」の項でも述べたが、ジビエ肉の流通は食品衛生法に則って、食肉処理施設で処理したものでなければならない。しかし、そのようなルートを通さず、知り合いの猟師に頼んでとった違法なものを平気で提供する有名店もよく見かけるようになった。

　このような取引きが横行するようになると、ジビエ食すべてが厳しく取り締まられることにもなりかねない。そうなれば、正規ルートで仕入れ、まっとうに商売をしているレストランも、とばっちりを食うことにつながる。もし法律を知らないためにやっているのであれば、ジビエ食の未来のためにも、ただちにやめていただきたい。

　また、このような取引きをしている店の中には、一般的に食材として流通しているクマ、シカ、イノシシ、鳥類といった類ではなく、タヌキやハクビシン、アライグマ、ハシブトガラス、ひどいものでは腹子などを提供しているところもある。

　最近では、地元食としてハシブトガラスの食用化を打ち出す自治体もあるが、ハシブトガラスは加熱すればもちろんのこと、生のままでもひどい悪臭を放ち、部屋に匂いがつくことから店での処理、調理には向かない。

　それ以前に、ハシブトガラスは生き物の死骸や糞などをあさり、病原菌を多く所有している衛生害獣である。レストランという、お客様に安全な食材を提供していかなければならない立場にあって、このような不衛生な食材を取扱うことは大いに問題がある。

　ジビエは希少だが、ゲテモノではなくまっとうな食材である。レストランとしてどのような食材を扱うかは、個々のモラルの問題に留まらない。1人でも法を犯し、お客様に害を及ぼすものが出れば、業界全体が被害をこうむるのである。ジビエの本質をよく理解し、お客様に提供していただきたい。

駆除期間中の流通で注意したいこと

　もう一つ気になっているのが、駆除期間中によく見られる感染症の例だ。実際に解体に立ち会うと、内臓に斑点が出ている個体に遭遇することがある。

　「ジビエの取扱い上の注意（→p.20）」でも説明したが、野生鳥獣とヒトには共通の感染症がある。また、ヒトには感染しないものでも、捕獲時に感染症にかかっていることは充分にありうる。しかしながら、ハンターが知らなければ正しく対応をすることは難しい。

　そのため、千葉県などの猟友会では、野生獣の感染症を見極め、必要に応じて廃棄処分にするために、豚を題材として疾病講習会を行なっている。安全な食肉を提供していくための取り組みだ。

　一方で、感染症が疑われる野生獣の内臓を廃棄し、そのことを伏せて肉を流通させている業者もいる。意図的な悪意をもって行なわれている行為であり、食材の安全が揺らぎかねない。

　このような事態を防ぐためにも、レストランは仕入れ業者と取引きを行なう前、また取引きを始めてからも、たびたび現場に出向くなど、安全性のチェックを行なうよう心がけていただきたい。

　これは疾病だけに限らず、肉の取扱いなどの確認にもなる。業者の不正行為による被害を受けないためにも、自分の目でしっかりとチェックし、正しい情報を提示してくれる信頼できる業者との取引きを心掛けたい。

第 2 章

野 鳥

［水辺の野鳥］

［野山の野鳥］

水辺の野鳥

真鴨：マガモ

背側から見たマガモ。
左はオス、右はメス。

生態と猟期

　日本には数種類のカモが生息しているが、カモには、野生ガモと、アイガモのような家禽ガモがあり、野生の代表的なカモが、ここで紹介する「マガモ」である。

　野生ガモは「渡り鳥」と「留鳥」に分類され、マガモは「渡り鳥」に属する。日本に渡ってくるマガモは、おもにシベリアと中国から飛来し、日本各地で越冬する冬鳥（冬を日本で過ごす鳥のこと）である。九州、関西方面に渡ってくるマガモは中国から、北海道、東北、関東方面に渡ってくるマガモはシベリアからやって来る。そして春になると、つがいとなって再びもどり、繁殖地に移動する。

　日本におけるカモの猟期は、寒くなり始めて脂がのってくる11月15日から翌2月15日までと定められている。3ヵ月の猟期中、マガモのベストな状態は12月末までで、年が明けるとつがいが始まるため、捕獲量も減り、味が急激に落ち始める。マガモはカモのなかでも脂がのりやすい種類で、ピーク時には赤身にも脂が入り込んでうっすらとピンク色になってくるほどだ。

　マガモはこの時期ならではの名物として、フランス料理、イタリア料理、日本料理など、あらゆるジャンルの料理に欠かせないジビエの一つとされている。

　日本でも昔から鍋物や焼物などに使われており、独特の風味があることから、香りの強い長ネギとの相性がよいことで知られている。

腹側から見たマガモ。左はオス、右はメス。

マガモの外観

　鮮やかな青緑色の頭部がオスの特徴。その外観からマガモはフランス語で「コルヴェール（緑の首）」と呼ばれ、日本では「青首鴨」の通称がある。メスにはこの特徴はなく、背側は淡い褐色、腹側は白っぽい羽をもつ。カモのなかでは大きく育つ種類で、生まれてから8～10ヵ月になると成鳥となり、オスは最大で2～2.5kg、メスは1～1.5kgになる。

　カモの寿命は20年ともいわれるが、年齢が高くなると、皮が弱くなり、肉の味も変化する。生後8ヵ月～1年未満のマガモの肉質は、よりきめが細かく味がよいとされている。

　またカモには赤足をもつカモと黒足をもつカモの2種があり、マガモは赤い足をもつ。一部の例外を除いて、一般に赤い足のカモは味がよいとも言われる。

主流は無双網猟

　私は国産マガモを羽付き、内臓付きの状態で仕入れている。現在国内で流通している国産マガモのほとんどが無双網猟で捕獲されたもの。餌付けしておびきよせ、網をかけて一網打尽に捕獲するという手法だ。

　このおとりの餌の種類によって、マガモの肉質がやや違ってくる。カモが渡ってくる9月になると、各地の猟場の水田や池では、くず米などの餌や土を2ヵ月間まいてカモをおびき寄せる。この餌のバランスが各地のカモの特徴を左右する一つとなっている。

　たとえば茨城では砂と米を半々の割合でまく。砂はカモの消化を助ける役目があり、米をたっぷり食べて充分消化すれば、さらに米を食べる。千葉では砂ではなく赤土を使う、といったように餌にも工夫をする。

　一方米しか与えない米どころの北陸や新潟などでは、まさにフォアグラをとるために肥育されたカモのように消化不良をおこし、たっぷりと脂をまとった甘い肉質になる。

　一般的にメスのほうが脂がのっていると言われているが、これは完全な野生ガモを散弾銃で捕獲した場合の話であって、無双網で捕獲する場合は、オスのほうが餌の食いがよいため、メスよりも脂がのってくるようだ。

　この無双網猟のよいところは、銃弾で肉に傷がつか

ず、血が抜けないということ。散弾銃で獲ったカモは、傷から肉が劣化する可能性がある。しかしながら散弾銃で捕獲した場合、カモの個体ごとに肉質は安定しないが、おとりの餌を食べていないので、より野性味が強く出るという特徴がある。

ちなみに北海道では、散弾銃による狩猟がほとんどだ。

選び方──繁殖羽に生え変わったもの

品質を見分けるポイントとして、鎖骨の下の胸部がふっくらと張っていることがあげられる。また羽に生き生きとしたツヤがあるものがよい。

しかし一番のポイントはエクリプス（非繁殖羽）から完全に繁殖羽に生え変わっていること。羽の根元に生え変わり前の黒い根元が残っていると、料理には使いづらい。したがって羽が完全に生え変わった時期を見計らって仕入れるといいだろう。

猟期は3ヵ月と短いが、その期間中、最も状態のよい11月下旬～12月末までに大量に仕入れて羽をむしり、急速冷凍して保存する。猟期以外の時期には、これを冷蔵解凍して使用している。

また肉の味は餌に大きく左右される。たとえば海や河川の近くに棲むカモは、魚やヘドロなどを食べているために、肉は魚臭くなる。これを避けたい場合は産地を選ぶことも大切だ。

スコットランドなどからの輸入物も流通しているが、これらは100％散弾銃で捕獲したものなので、肉質が安定していないという欠点がある。

カテゴリー：水辺の野鳥
真鴨 / **マガモ** / **Colvert**（仏）

◎**産地（生息分布）**
シベリア方面と中国方面から8～9月に日本全国に飛来する冬鳥。ただし、少数であるが本州の山地や北海道では渡りをせずに、その地で繁殖すると言われている。
最近は北海道よりも岩手などの東北地方で多く見かけるようになった。

◎**猟期**
11月15日～翌2月15日。
9月1日～翌2月20日（イングランド・ウェールズ・スコットランド）。

◎**肉の特徴**
家禽ガモに比べて身が引き締まって赤身が濃く、血の香りが強いのが特徴。

◎**性別による味の違い**
オス：脂肪が厚く、脂のにおいが野性的で強い。肉はジューシーで風味が濃厚。
メス：赤身の筋繊維が細かく、しっとりしている。脂のにおいもおだやか。

◎**季節ごとの味の違い**
寒くなってからが脂がのって美味。猟期開始直後はまだ時期的に少し早く、一度気温がぐっと下がってからがよい。11月下旬から12月いっぱいが最良の時期。年が明け、つがいが始まる頃は次第に味が落ちてくる。

◎**仕入れ**
猟期中は羽付き、内臓付きを丸で仕入れている。羽を抜く手間がかかるが値段が安いこと、羽付きで3日間冷蔵庫に入れておくと皮が締まって落ち着くことがその理由。
羽だけを抜いたもの、あるいは内臓を抜いて羽を抜いたものも入手できる。

◎**おもな使用部位**
胸肉（ロース）、モモ肉、内臓。

◎**熟成方法**
マガモに限らず鳥類にはノミが寄生しているため、冷蔵庫内で他の素材と接触しないように、羽付きのまま最低3日間、3℃の冷蔵庫で冷やす。肉の温度を下げるとノミが抜け、毛穴が締まって羽がむしりやすくなる。
その後、表皮を傷つけないように羽をむしり、残りの産毛をバーナーなどで軽くあぶってタワシでこすり落とす。
肛門に2cmほど縦に切り目を入れ、そこから指で消化器系の内臓を抜いてよく洗い、冷蔵庫内で3日間乾かす。

◎**適した料理**
ロティール、スフレ、パテ、サルミ、グリエ、ア・ラ・ブロシュ（串焼き）。

◎**合うソース・コンディマン**
肉の旨みが強いカモのジュやフォン、血。ヴィネガー、オレンジなど。

第 2 章　野鳥　マガモ

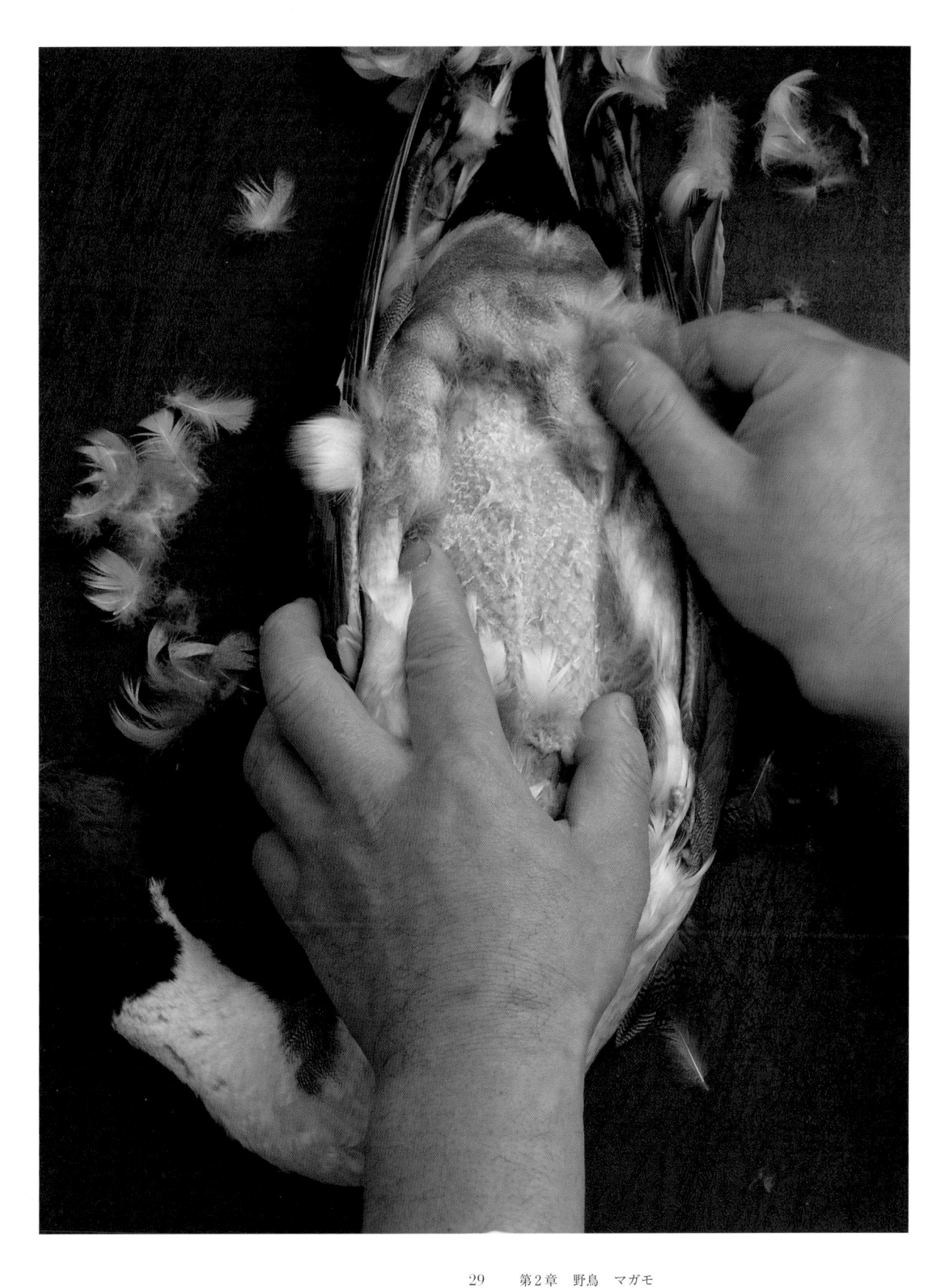

水辺の野鳥

軽鴨 : カルガモ

背側から見たメスの
カルガモ。新潟産。

渡りをしない留鳥

渡りはしない定住ガモで、関東以西の温暖な湖、沼、河川、海などの水辺に多く棲む留鳥。寒冷地の一部のカルガモは、冬になると日本国内を南下することもあるようだ。

体はマガモと同等の大きさで、オスは2〜2.5kgになる。背側は黒褐色で、腹側はやや明るい羽色をもつ。メスはやや小さく2kg前後で、オスよりもやや明るい黒褐色である。ともにクチバシは黒だが、先はオレンジ色。

カルガモの味

肉の味にはジビエらしい強い個性はないが、くせが少ないので料理に使いやすく、食べやすいカモだ。渡りをしないので、季節の違いによる味の変化はほとんどない。そのあたりはアイガモにやや似ているのだろうか。赤身の肉だが、うっすらとピンクがかった色合いで、つねにある程度脂がのっている。草食中心だが雑食なので、脂は黄色みがかっており、融点が高いのが特徴だ。

オスとメスでは、味にはさほど違いはないが、オスはメスよりも運動量が多いため、筋肉が発達して歯応えがよい。一方メスは筋繊維が密で、赤身がしっとりしている。

処理時に羽を抜きやすいところも、カルガモが扱いやすいポイントだ。

腹側から見たメスのカルガモ。

カテゴリー：水辺の野鳥

軽鴨 / カルガモ / Canard à bec tacheté（仏）

◎産地（生息分布）
関東以西の温暖な湖、沼、河川に生息。産地を選ぶとしたら、湖か水田近くに棲むカルガモがいい。河川近くのカモは川底のヘドロを食べている可能性があるので避けたい。
ゴルフ場にも多く生息するが、芝生に撒布する薬品のせいか、肉に少しにおいがつくことがある。

◎猟期
11月15日〜翌2月15日。

◎肉の特徴
赤身はうっすらピンク色がかっている。カモ特有の血の味はそれほど強くない。食べやすい味。

◎性別による味の違い
オスは歯応えがあり、メスはきめ細かくしっとりしている。

◎季節ごとの味の違い
1年を通して比較的安定した肉質。寒くなってから脂が厚くなってくるが、それ以外の季節でもある程度脂はのっている。

◎仕入れ
国産を羽付き、内臓付きで仕入れている。羽を抜く手間がかかるが値段が抑えられること、羽付きで3日間冷蔵庫に入れておくと皮が締まって落ちつくことがその理由。

◎おもな使用部位
胸肉、モモ肉、内臓。

◎熟成方法
羽付きで仕入れたら、3日間3℃の冷蔵庫に入れて皮を締める。ノミが落ちるので庫内で他の素材に触れないように注意。
羽を抜いて内臓を抜き、3日間乾かすと、表面に蝋のような脂肪が浮いてくるので、しっとり加熱調理ができる。もし皮の表面をかりっと仕上げたければ、カミソリなどで脂肪を削ぎ取るとよい。

◎適した料理
スモークが合う。ロティール、グリエなどもよい。

◎合うソース・コンディマン
濃厚すぎるソースは合わない。バルバリー種（飼育ガモ）のような感覚で使用するとよい。フルーツのピュレ、シトラスの香り、ハチミツと黒コショウ、アニスも合う。単調な味なのでアクセントをつけたい。
脂の質感が他のカモとは違うので、その特色を生かす。

水辺の野鳥

小鴨 ：コガモ

背側から見たコガモのオス。
体は小さいが、野性味が強く、
力強い味。

鴨のなかで最小の種類

　カモのなかで一番早く日本に飛来し、つがいをつくり、4月頃まで逗留するコガモ（仏名サルセル）。日本に生息するカモでは最小の種類だ。日本全国の里山や市街地などのあらゆる水辺で見かけることができる。

　オス、メスとも500〜800gと小さく、オスは背が灰色で、腹が白く、頭は茶色。目のあたりは濃い緑色がかっている。一方メスは全体が褐色で、目元に暗緑色の隈取のような細いラインが入っている。その他はこれといって目立った特徴はない。

　体はオスのほうがメスよりもやや大きいだろうか。ただし、オスとメスの肉質、味にそれほど大きな違いはない。気性はカモのなかで一番荒く、餌をよく食べる。

野性味あふれる味

　餌をよく食べるせいか、黒足のカモではあるが、肉質、味は抜群。赤身と脂身のバランスがとれていて野性味も強い。これぞジビエという豊かな味わいだ。食感と肉質がぴったりで、寒くなってくると甘い脂もついてくる。

　羽を抜くと皮の下が白く（脂がのっている証拠）、鎖骨から下がふっくらと形よく膨らんでいるものがよい。皮が黄色っぽくて胸骨が浮き出ているようなやせたものは、肉質も落ちる。

　小型のカモなので、散弾銃よりも無双網の捕獲が圧倒的に多い。

腹側から見たコガモのオス。

カテゴリー：水辺の野鳥

小鴨 / コガモ / Sarcelle（仏）

◎産地（生息分布）
日本全国の水辺で生息する冬鳥。

◎猟期
11月15日〜翌2月15日。

◎肉の特徴
食感、赤身と脂ののり方など、全体のバランスがとれていて、非常においしい。どんな料理にも合う。

◎性別による味の特徴
オス、メスとも味がよい。性別による味の差はほとんど見られない。

◎季節ごとの味の特徴
飛来直後よりも、脂がのる晩秋から冬にかけてがよい。

◎仕入れ
国産を羽付き、内臓付きで仕入れている。羽を抜く処理に手間がかかるが値段が安いこと、羽付きで3日間冷蔵庫に入れておくと皮が締まって落ち着くことがその理由。

◎おもな使用部位
小型なので1羽丸ごと使用。なかに詰め物を詰めたり、1枚に開いて用いる。

◎熟成方法
羽付きで仕入れたら、3日間3℃の冷蔵庫に入れて皮を締める。ノミがいるので冷蔵庫内で他の素材に触れないように注意。羽と内臓を抜いて布をかけて3日間乾かしてから使用する。

◎適した料理
丸のままロティール、グリエ。バロティーヌなどの冷たい料理、スモークも合う。カモのなかで一番使いやすい。

◎合うソース・コンディマン
フルーツピュレ、フルーツコンフィチュール、フルーツヴィネガーなどのフルーティで甘酸っぱいソースが合う。柑橘類との相性はよい。

水辺の野鳥

尾長鴨：オナガガモ

背側から見たオナガガモのオス。他のカモに比べて尾が長い。野性味があり血の味が強いのが特徴。

腹側から見たオナガガモのオス。

特徴は尾の長さ

マガモ同様、シベリアと中国方面から日本各地の湖や沼、川辺などに渡来し、越冬する冬鳥である。マガモが生息する場所には必ずといっていいほど、オナガガモがいる。大半はマガモと同様、無双網猟で捕獲される。群れはつくるものの、数あるカモのなかでは比較的気性が荒い種類である。

オスの尾が長いところからオナガという名がついた。頭は黒く、背側は灰色と黒の縞模様が入り、腹側は白い。メスは全体が茶褐色で、尾は特別長くない。

オスのほうがメスよりも若干大きいが、マガモほどの違いはない。オス、メスとも成鳥でほぼ1kg前後というところだろう。

ジビエ愛好家が好む味

オナガガモは脂がのりにくいカモだが、それでも秋から冬の寒い季節には少し脂がのってくる。肉は赤身で歯応えがあり、血の味が強い野性味が特徴で、ジビエの好きな人が好む味である。オスのほうが体が少し大きい分、やや大味だ。

生息数は多いのだが、当たりハズレが大きく、10羽中半分は満足に使えない。脂のつき具合、脂と赤身とのバランス、サイズなどがすべてそろった個体は1シーズンを通して300羽中30羽程度とごくわずか。

オナガガモの長い尾。

カテゴリー：水辺の野鳥

尾長鴨 / オナガガモ / Northern Pintail（英）

◎産地（生息分布）
日本全国の水辺に8〜9月に飛来する冬鳥。

◎猟期
11月15日〜翌2月15日。

◎肉の特徴
脂がのらない赤身の肉。血の強い味が特徴。肉質はかためで、噛み応えがある。

◎性別による味の特徴
オスのほうがやや大味でかため。メスのほうが柔らかく、きめが細かい。

◎季節ごとの味の特徴
猟期中の寒い時期がよい。もともと脂はのらない鳥だが、この時期はうっすらと脂がつく。

◎仕入れ
私は羽付き、内臓付きを丸で仕入れている。羽を抜く手間がかかるが値段を抑えられること、羽付きで1〜2日間冷蔵庫に入れておくと皮が締まって落ち着くことがその理由。

◎おもな使用部位
胸肉、モモ肉、内臓、丸。

◎熟成方法
羽付きで仕入れたら、1〜2日間、3℃の冷蔵庫に入れて皮を締める。ノミが寄生しているので、冷蔵庫内で他の素材に触れないように注意。羽を抜いて1日乾かしたらすぐに使用する。
皮が薄くて弱く、破れやすいので羽を抜くとき注意する。取り残した羽をあぶると皮がやけどしたように変質してしまうので、バーナーは使わないほうがよい。

◎適した料理
サルミ、グリエ、ロティールに。血の味が強いので、冷たい料理には向かない。血のくせをおおうような濃厚な味つけ、フォアグラやキノコなどによく合う。

◎合うソース・コンディマン
赤ワインソース、フルーツヴィネガーや黒コショウの風味が合う。一般的にカモに合うといわれる柑橘系は合わない。

水辺の野鳥

嘴広鴨 :ハシビロガモ

背側から見たハシビロガモ。非繁殖期のメス。新潟産。身が柔らかく、1級品とはいえない味。

平らなクチバシが特徴

日本各地の水辺に飛来する渡り鳥。冬鳥で数十羽で群れをなして生息する。

その名のとおり、オスもメスもクチバシの先がつぶれたように平らであることが特徴。平らなクチバシを水中に差し入れて水ごと食物を吸い込み、水を出して濾し取って食べる。雑食ではあるが、カモのなかではプランクトンや昆虫など動物性の餌をよく食べる種類である。

オスは繁殖羽に完全に生え変わると、色鮮やかな美しい姿になる。それ以前の羽はメスに似ていて、黄色っぽい茶褐色。クチバシは黒色である。

メスは黒っぽい茶褐色の羽をもつ。クチバシと足は褐色である。メス、オスとも体の大きさに大差はなく、800g〜1kgで、マガモよりやや小さい。

食用には不向き

ハシビロガモの肉の味は決していいとは言えないため、ほとんど狩猟の対象とならない。食味としては一番下のランクのカモだ。筋繊維が柔らかく、脂ものらず、赤身にしまりがなく、ダレているという印象だ。このため熟成しても旨みが出ない。

こうした肉の特徴はオスもメスも大差はない。

腹側から見たハシビロガモのメス。

カテゴリー：水辺の野鳥

嘴広鴨／ハシビロガモ／Shoveler（英）

◎産地（生息分布）
日本全域に渡来する冬鳥。各地の湖、沼、河川などの水辺に生息。数十羽で群れをなす。北海道では少数が繁殖する。

◎猟期
11月15日〜翌2月15日。

◎肉の特徴
赤身の肉。筋繊維にしまりがなく、ダレていて脂はのらない。

◎性別による味の特徴
オス、メスとも大きな味の違いはない。

◎季節ごとの味の特徴
寒くなってもあまり脂がのってこないが、うっすらとついた脂はゴワゴワして食べにくい。

◎仕入れ
ほとんど流通しない。あまり食用にはしない。仕入れる場合は国産の羽付き、内臓付きを丸で仕入れている。

◎おもな使用部位
使う場合は胸肉、モモ肉。

水辺の野鳥

葦鴨 :ヨシガモ

背側から見たヨシガモのオス。
新潟産。約1.5kg。肉は柔らか
く、淡白な味わい。

一夫多妻で群れをつくる

繁殖期（6月頃）以降に中国とシベリア方面から日本に飛来する。北海道には少ないが、東北以西の湖、沼、河川、海などの水辺に生息する冬鳥。

オスの頭頂部は黒っぽい茶色で、目の周りは明るい緑色。メスは茶褐色であまり目立った特徴はない。大きさはマガモやカルガモよりもやや小さめ。成鳥で1.5kg程度。大型のものは1.8kg程度になる。カモのなかでは珍しく一夫多妻で群れをつくる。

市場には出回らないカモ

筋繊維が柔らかく、とても淡白な味わいなので、スモークに合うだろう。また粗く切ってテリーヌなどに用いるといいだろう。グリエなどにする場合は、フルーティなヴィネガーやピュレで味を補うのもいいかもしれない。

残念ながら市場ではあまり流通しないカモの一つだ。

腹側から見たヨシガモのオス。

カテゴリー：水辺の野鳥

葦鴨／ヨシガモ／Falcated Duck（英）

◎産地（生息分布）
北海道には少ないが、東北以南の各地の湖、沼、河川、海などに夏の終わり頃飛来する。

◎猟期
11月15日～翌2月15日。

◎肉の特徴
くせのない淡白な味。肉質は柔らかい。

◎性別による味の特徴
オス、メスともとくに味に差はない。

◎季節ごとの味の特徴
猟期中は、若干脂がのってくる。

◎仕入れ
ほとんどが流通しない。私は羽付き、内臓付きを丸で仕入れている。リクエストをすれば内臓を抜いて羽を抜いた処理済も入手できるが、手間がかかるが値段が安いこと、羽付きで1～2日間冷蔵庫に入れておくと皮が締まって落ちつくことがその理由。

◎おもな使用部位
胸肉、モモ肉、内臓。

◎熟成方法
ノミがついているので他の肉に触れないように注意して、3℃の冷蔵庫に逆さに吊るし、1～2日間冷やしてノミを抜いて皮を締める。熟成しても旨みが出ないので、羽を抜いてすぐに使う。

◎適した料理
スモーク、テリーヌなどの加工品。

◎合うソース・コンディマン
くせがない肉なので、フルーティなヴィネガーやフルーツソース、ピュレなどで補うとよい。

鴨猟名人に聞く

「いいカモしか獲らないし、いいカモしか出荷しない」

千葉県柏市の手賀沼のほとりでカモ猟を営む石井幸男氏（石井商店）は、扱っているカモの質のよさで料理人たちから絶大な信頼を得ている。石井氏にカモの片無双網猟と出荷までの処理についてお話いただいた。

餌場の選択——人気のない山の奥

カモは水辺の野鳥なので、餌場には水が必要になる。私の場合は10m×20mの池をつくり、ここに餌をまいておびき寄せてカモ猟を行なっている。

以前の「はり網」は規制が厳しくなり、今は無双網猟が主流だ。無双網には両（双）無双網と片無双網があるが、両無双網は仕掛けが大変なので、ほとんどの人は片無双網を使っている。私がおもに獲るのはマガモ、コガモ、オナガガモ、カルガモの4種類。

網を仕掛ける餌場は、ほとんど人が入らないような場所を選ぶ。できるだけ山の奥がいいのだが、場所によってはバードウォッチングの愛好家が入ってくる。かといって水田の近くでは、通行人に声をかけられることもあるので場所選びはむずかしい。人間がいるとカモは警戒し、餌場に降りてこないからだ。

餌付けの方法

解禁の1ヵ月ほど前から餌付けを始める。他の餌場に行かないように1日約10kgのくず米をまく。

ただ餌をまけばカモが毎日来るわけではない。たとえば今日50羽来たとしても、明日雨が降って田んぼに水がたまれば、田んぼのほうが安全なので、そちらに移ってしまうからだ。

しかし田んぼから水が引けば、またもどってくるので、気長に毎日餌をきらさないように餌付けすることが大事だ。猟期の3ヵ月間で約1トンの米をまくことになる。

餌場の池でカモと話をする

餌場の水の深さは平均10cm程度だが、私はある程度深くし（15～20cm）、カモが餌を食べてから水の上に首を出すまでの時間をかせいでいる。わずかな時間だが、網をかぶせるタイミングがとりやすくなる。

また池の水を溜めたままにしておくと餌などで水がにごるので、排水できるようにしている。

カモは日中は別のところで過ごし、夕方になると餌場にもどってくる。日ごとに昼の長さが変わってくるので、定時ではないが、大概は夕方だ。警戒して上を何度か旋回したあと餌場に降りてくる。見張り小屋から空を旋回するカモの様子をじっと見ていると、下に猫や狸などの動物がいることがわかるようになる。

こうしてカモの群れが定着して餌場にもどってくるようになったら、頃合を見計らって捕獲する。解禁は11月15日だが、この頃は渡りのあとでまだ痩せており、脂がのりきっていない。極上のカモが獲れるのは、11月末から1月中旬までだ。これ以降になると、餌場に氷がはってくるし、メスは早くも羽が生え変わり始める。

また捕獲時期を見誤り、繁殖羽に生え変わる前の黒い羽がカモの胸に残っていると、羽を抜いたあとの見栄えが悪いだけでなく、脂身に入り込んでいる毛根近くに黒い液体がたまっているので売り物にならない。完全に冬羽に生え変わってから捕獲することが、料理に使う場合には大切だ。

捕獲にあたっては、カモが餌場に降りてから10〜15分間が勝負だ。まとまった数のカモが訪れるのは1便（17時ごろ）で、このあと2便、3便が1時間おきにくるが、数は少ない。22時以降にもう一度まとまった数が飛んでくる。1便でしくじったら、この便を待つ人もいるが、基本的には1便が勝負だ。

こうして片無双網で捕獲したら、次の群れが餌場に飛来し定着するのを待つ。猟期の3ヵ月間で網で捕獲できるのは1人200羽までと定められている。こうして獲ったカモの3〜4割は品質が落ちるため商品にはしない。

片無双網の仕掛け

猟師はみなそれぞれ工夫して仕掛けをつくる。私は10m×20mの餌場の池と同じ大きさの網を仕掛ける。

池の手前と向こうの両側に、網をかけた5mの竹を設置し、餌場の右側（あらかじめ網の片側は固定しておく）に倒して仕掛けておき、見張り小屋で待機する。頃合を見て手動でピンをはずすと、竹が反対側に倒れて池全面に網がかぶる。

この竹を倒す速さとタイミングがポイントとなる。かなり強力なバネ仕掛けになっているが、この仕掛けに猟師は工夫を凝らすのだ。

なかには電動の仕掛けを使っている人もいるが、電動は手動よりも故障が起こりやすく、チャンスを逃す恐れがあるため、私はもっぱら手動式で獲る。

網の目の大きさは、何種類かある。おもにマガモを獲るときは、コガモが目から抜けるように4寸目（12cm）を使用することもある。ただ4寸目だと3寸目（9cm）よりも羽が網に引っかかりやすくなるので、現在は3寸目を使っている。

捕獲後の処理

捕獲したら網目の間から動脈だけを切ってすぐに血を抜く。死んでしまうと血が抜けなくなるので手早く行なわなければならない。種類が判別できるよう頭は付けたままにしておく。

羽の抜き方にもコツがあり、下手な人が抜くと皮が破れたり、肌がさつい てしまう。羽を抜いたあとの皮を見ると、よいカモには白い脂がしっかりのっているのが見てとれる。胸がパンと張っているものは上物だ。また解体するとわかるのだが、砂肝の周りに脂が巻いているカモは、脂がのっていて肉も旨い。

内臓を抜くと腹がしぼむので、抜かずにそのまま急速冷凍にかける。腸に関しては抜く方法と抜かない方法がある。よく教本などに羽付きで仕入れて、尻を切って腸だけを抜くというくだりがあるが、カモが傷みやすいので、私は腸も付けたまま冷凍している。

この状態で冷凍保存すれば、猟期が終わってから7〜8月ごろまで充分使うことができる。

捕獲後すぐに羽をむしる人手がないために、カモを生け捕りして飼っている人もいるが、このように飼育されたカモは肉質がダレて味も落ちてしまう。

石井幸男氏。
各種カモの他、千葉県産イノシシ、シカも取扱う。
（石井商店／千葉県柏市泉1224　Tel. 04-7191-5299）

背側から見たタシギのオス。千葉県成田産。小型の野鳥で、クチバシが長いのが特徴。羽を抜いたらなるべく早めに使う（3〜4日以内）。

水辺の野鳥

田鴫 :タシギ

長いクチバシが目印

　丸い頭と長いクチバシがタシギ（仏名ベカシーヌ）のトレードマーク。この長いクチバシで田んぼのなかに棲む虫や、落ちた稲穂などをついばむ。背中には、イノシシの子、「ウリボウ」のような白いラインが数本入っている。メスはオスよりも、少し色が浅い。

　オス、メスとも体は300gほどと小さく、羽と内臓を抜くと100gほどになってしまう。したがって、なるべく大きいものを選びたい。とくに鎖骨の下の胸がふっくらと張っているものがいいだろう。

散弾銃による狩猟

　猟は散弾銃によるものがほとんどだが、生息数は非常に少ないため、国内にタシギ専門の猟師はまずいないだろう。おもに猟犬の訓練用に追わせるための鳥である。

　散弾銃を用いるため、小さな体内には二つくらい弾が残る。この弾の位置によって、熟成期間を判断している。たとえば胸の真んなかに残ったり貫通しているときは、ダメージが大きいので早めに使ったほうがいいだろう。理想的な弾の位置は、首下から鎖骨の間で、ここがもっとも肉に与える影響が少ない。

腹側から見たタシギのオス。

カテゴリー：水辺の野鳥

田鴫 / タシギ / Bécassine（仏）

◎産地（生息分布）
渡りの途中で春と秋に日本の温暖な地域の水田やその跡地、沼、湿地などに姿を見せる旅鳥。

◎猟期
11月15日〜翌2月15日。

◎肉の特徴
クセがない赤身の肉。

◎性別による味の特徴
オスとメスの味の差はほとんどない。

◎季節ごとの味の特徴
旬は猟期だが、あまり脂はのらない。

◎仕入れ
羽付き、内臓付きで仕入れている。

◎おもな使用部位
丸で使用。

◎熟成方法
個体の大きさ、散弾銃の弾の位置で判断する。肉のダメージが大きければ、早めに使う。

◎適した料理
小さければグリエ、骨ごとムースに。大きければロティール。頭を割って脳みそをソースに使う。

◎合うソース・コンディマン
重めのジュ。赤ワインの重めのソース。

野山の野鳥

雉鳩 :キジバト

腹側から見たキジバトのオス。

背側から見たキジバトのオス。通称ヤマバト。千葉県成田産。肉質は繊細で輸入物よりも味の奥深さがない。

夏に旬を迎えるサマージビエ

通称ヤマバトは、サマージビエの代表格。日本全国どこにでも生息するため、禁猟区が定められている。温暖な気候を好み、冬は国内を南下することもある。

体色は青みがかったグレーで、褐色に縁取られたウロコのような模様の羽があり、メスのキジに似ていることから「キジバト（仏名ピジョン ラミエ）」と呼ばれるようになった。

キジバトは昆虫なども食べるが、トウモロコシや大豆、穀物類が好物で、農作物を食い荒らすので、収穫の時期に駆除対象となる。この時期は地域によって前後するが、たとえば北海道ならば4〜9月、関東ならば4〜10月に駆除対象となり、狩猟が始まる。

餌による味の違い

サマージビエと言われるように、旬は夏。作物が実る6〜9月に脂がのってくる。十勝地方では5〜9月によく獲れ、東京に出荷される。

トウモロコシや大豆の畑の近くに棲むキジバトは脂ののりがよいが、牛舎などの近くのキジバトはそれほど脂がのらない。環境によって肉質にかなり違いが出るので、仕入れるときに注意したい。鎖骨から下の胸がぱんと張っているものは、脂がよくのっている。

キジバトは空気銃（北海道は空気銃、関東では散弾銃も）で撃つと、いっせいに散るが、すぐにまたもどってくるという特性がある。

キジバトの味

国産のキジバトの肉は赤身だが、非常にあっさりした淡白な味で、長期熟成にはあまり向かない。ノドが太く、餌袋が大きいので、そのままにしておくと、臭みが出たり、虫がわいてしまう。羽を抜くときに、餌袋も一緒に抜いたほうがいいだろう。

なお羽付きで熟成させると、皮下脂肪が少ないため皮がムレてにおいが強くなるので、冷えたら羽はすぐに抜いたほうがいい。この点に注意すれば、キジバトはクセが少なく、非常に使いやすい。

一方都心の公園などでよく見かけるカワラバト（ドバト）は、肉が臭く、体内に保菌していることが多いので食用には向かない。日本で食用とするハトのほとんどがキジバトだ。

カテゴリー：野山の野鳥

雉鳩 / キジバト / Pigeon ramier

◎**生産地（生息分布）**
日本各地に生息し、繁殖する。北海道や東北のキジバトは冬になると国内を南下する。

◎**猟期**
11月15日〜翌2月15日、および駆除対象となる期間。禁猟区があるので注意。
9月中旬〜12月（ヨーロッパ）。

◎**肉の特徴**
赤身の肉だが、淡白で食べやすい（国産）。

◎**性別による味の特徴**
胸肉の歯応えに違いがある。オスは多少脂がのってしっかりした歯応え。それに比べてメスは柔らかい。

◎**季節ごとの味の特徴**
実った作物を食べるので、夏になると脂がのってくる。したがって、秋から冬の猟期よりも、春から夏の駆除対象期間に捕獲するのがよい。

◎**仕入れ**
国産は羽付き、内臓付きで仕入れている。羽を抜いたものも流通している。

◎**おもな使用部位**
丸でロティールに。胸肉、モモ肉、内臓。

◎**熟成方法**
羽付きのまま3℃の冷蔵庫に吊るして冷やす。体温が下がってノミが落ちたら、すぐに羽を抜く。発酵臭がつくので同時に餌袋と腸を抜いておくこと。
1℃の冷蔵庫で1日乾かしたら早めに使う。

◎**適した料理**
炭火焼きが合う。ロティール、ムース（丸のまま焼いてミンサーにかける）にも合う。

◎**合うソース・コンディマン**
香りの強いジュ、サルミソース、フルーツピュレ。淡白な肉なので、塩、コショウだけでも充分旨い。

野山の野鳥

日本雉：ニホンキジ

背側から見たニホンキジのオス。千葉県勝浦産。

腹側から見たニホンキジのオス。

日本の国鳥

ニホンキジは、昔ばなしの「桃太郎」に登場するほど、古くから人々に親しまれてきた日本の国鳥で、狩猟対象である。

渡り鳥ではなく定住する留鳥で、比較的民家に近いところに生息している。このため関東エリアを含め、全国的に都道府県が定めているニホンキジの禁猟区があり、地域によって狩猟期間にもバラつきがあるので、狩猟時は確認する必要がある。散弾銃による狩猟が主流である。

キジの種類と外観

オスは目の周りは赤く、首の周りは青色、首から腹にかけて緑青色の美しい羽をもち、尾が長い。体長は80cm程度。体重は1.5kgほど。オスよりもメスはやや小さいが、それほど大きさは変わらない。やや淡い茶色の体色で、とくに目立った特徴は見られない。

日本にはニホンキジの他に高麗(韓国)から移入したコウライキジという種類のキジが生息している。

オスの体色はニホンキジとやや異なる。目の周りは赤く、首輪のような白い羽が特徴。腹は明るい茶褐色で、大きさはニホンキジとほぼ同じくらいだ。メスの体色はニホンキジに非常に似ているので見分けるのがむずかしい。

熟成が向く肉

キジのフランス語は「フザン」。熟成に向く鳥で、このキジの名称に由来して、熟成を表わす言葉は「フザンダージュ」とされたと言われている。

秋から冬の猟期になると、やや脂はのってくるものの、1年を通してそれほど味に変化はない。オスの肉は繊維が粗くてかたいが、メスは柔らかくきめが細かい。食用にするならばメスがいいだろう。肉は白く、熟成に適している。そのままだと地鳥と同じような食味でしかないが、熟成すると大きく変化する。30日間長期熟成させると、味に深みが出て濃厚になり、香りが強くなる。

飼育キジのコウライキジ

最近ではニホンキジよりもコウライキジの生息数のほうが多いようだが、コウライキジは飼育されている個体がおもに流通している。また北海道ではニホンキジを半飼育(ドゥミ・ソバージュ)し、ヒナを出荷するところが出てきている。

カテゴリー:野山の野鳥

日本雉 / ニホンキジ / Faisan(仏)

◎産地(生息分布)
日本全国に生息する留鳥。

◎猟期
11月15日〜翌2月15日。ただし都道府県が定めている禁猟区があり、狩猟期間もバラつきがあるので、要確認。
10月1日〜翌2月1日(イングランド・ウェールズ・スコットランド)。

◎肉の特徴
白い肉。脂はあまりのらない。熟成に向く。

◎性別による味の特徴
オスは肉の筋繊維が粗く、かたい。メスは柔らかくきめが細かい。

◎季節ごとの味の特徴
猟期に入るとやや脂がのってくるが、留鳥なので、さほど味に変化はない。

◎仕入れ
羽付き、内臓付きを丸で仕入れる。

◎おもな使用部位
胸肉、モモ肉、内臓、ささ身。

◎熟成方法
羽付きのまま3℃の冷蔵庫に吊るして3日間冷やしてノミなどを抜き、皮を締める。こののち羽をむしり、臭みの要因となる腸を抜き、布を巻いて3℃以下で30日間吊るして熟成させる。ときおり布を取り替える。

◎適した料理
加熱するとパサつくので、パイ包み、あるいは網脂などの油脂で包んでロティールに。グリエはあまり向かない。ただし、半飼育物のコウライキジはグリエにもよい。

◎合うソース・コンディマン
キジのジュを生かした白いソース。やさしいフルーティなソース。フルーツのコンフィチュール。シャンパンヴィネガー。

野山の野鳥

山鴫 :ヤマシギ

背側から見たスコットランド産のオス。チルドで入荷。羽の色が明るいものはオス。オスは色がはっきりしていてきれいである。オスに比べてメスは羽の色が暗い。

輸入物がメイン

タシギ同様、国内の生息数は非常に少ない。全身茶褐色のウロコ状の模様の羽でおおわれており、頭頂部に黒くて太い横縞模様が4本入っている。目の近くに黒いラインが入っているのも特徴。タシギの腹は白いが、ヤマシギ（仏名ベカス）は腹側にもウロコ状に茶色っぽい羽が生えている。

クチバシはタシギ同様長い。この長いクチバシで土のなかの虫やミミズなどを食べている。

ごくまれに北海道や静岡でヤマシギが獲れることがあるが、ほとんどはスコットランドからの輸入物。フランス料理では希少価値のある高価なジビエであるが、現在フランスでは禁猟となっている。

ヤマシギに限らず、ヤマウズラやキジなどの野山に生息する輸入物の野鳥は、消化管が太いため、餌がたっぷり詰まっており、この餌が発酵してにおいがついてしまうという欠点もある。

真空パックの冷凍品を輸入すると、パックのなかで発酵臭がムレてしまうので、チルドをすすめる。輸入物は国産に比べて体が大きく（500g程度）、1羽4000～5000円の高値で出回っている。

熟成に適した肉質

ヤマシギの羽は太くて強いため、皮膚がしっかりしている輸入物ならば羽付きのまま熟成させてもいいが、国産は羽付きのまま熟成させると、熟成が進むにしたがって皮膚が弱り、羽を抜くときに皮が破れてしまうので、羽を抜いてから熟成させるとよい。一般的に内臓とともに料理をする。

熟成しても肉がダレないので、輸入物のジビエのなかで一番人気がある。

腹側から見たスコットランド産のオス。

カテゴリー：野山の野鳥

山鴫 / ヤマシギ / Bécasse（仏）

◎産地（生息分布）
日本各地の森林。日本では狩猟の対象となっているが、フランスでは禁猟。おもにスコットランドから輸入している。

◎猟期
11月15日～翌2月15日。
9月1日～翌1月31日（スコットランド）。

◎肉の特徴
血の香りの強い赤身の肉で熟成に向く。筋繊維はしっかりしていて、香りが強い。とくに内臓に価値がある。

◎性別による味の違い
オス、メスに大きな味の違いはない。

◎季節ごとの味の違い
たっぷり脂がのる種類ではないが、寒い季節になると肥えて味がよくなる。

◎仕入れ
羽付き、内臓付き。輸入物は袋に入れてチルドで輸入する。解禁と同時に使ったほうがいいだろう。年が明けると、古いものが出回るようになる。

◎おもな使用部位
胸肉、モモ肉、丸、内臓、頭。

◎熟成方法
国産の場合は3日間羽付きのまま3℃の冷蔵庫に吊るして冷やす。羽と腸を抜いてガーゼなどに包んで2週間冷蔵庫で熟成させてから使う。1～3℃をキープできる環境ならば、3週間まで熟成させてもよい。冷蔵庫に吊るすときは逆さにして内臓を傷めないように注意する。輸入物ならば、腸だけ抜いて羽付きのまま熟成も可能。

◎適した料理
ロティール、グリエ。内臓や脳みそをソースに。料理の盛りつけには、ベカスである証に頭を使うことが多い。一皿で胸、モモ、内臓、頭すべてを使う。

◎合うソース・コンディマン
濃厚なジュ。しっかりした重厚な赤ワインソース。フォアグラ、あるいは血でつないでも合う。

背側から見たヤマウズラの
ルージュのメス。スコット
ランド産。チルドで入荷。
捕獲してから到着まで10
日以上かかる。日本のジビ
エと違って、香りが濃縮さ
れているので、これをどの
ように引き出して調理す
るかがポイント。

野山の野鳥

山鶉：ヤマウズラ

ルージュとグリ

　ヤマウズラ（仏名ペルドロー）は11月20日頃から2月中旬にヨーロッパから輸入される。捕獲後一定期間餌付けしたり、逆に餌付けしてから野生に放った半野生（ドゥミ・ソヴァージュ）のものも多く輸入されている。国産は飼育された「ウズラ」がほとんどだ。
　ヤマウズラには「ルージュ」と「グリ」の2種類がある。ルージュは茶色っぽい羽色で足とクチバシは赤い。
　一方グリは全体が灰色で、足とクチバシは黒っぽい。
　ともに白い肉で水分が多く柔らかいが、ルージュのほうが、よりくせがなく淡白。グリは適度に歯応えがあり、野性味はこちらのほうがやや強いものの、2種の味の違いはそれほど大きくない。
　ヤマウズラは価格面でも使いやすく、とりわけルージュの輸入量はかなり多い。

善し悪しを見分ける

　野鳥は内臓を見て状態を判断すると言われるが、このためには、さばいて内臓を見ないとわからないので、まずは皮膚で判断する。鎖骨の下あたりの羽をめくって軽く引っ張り、皮膚の状態を確認する。
　キジバトやヤマウズラの羽は細くて密に生えており、ヤマシギやライチョウに比べると、格段に皮膚は弱い。

腹側から見たヤマウズラのルージュ（メス）。

カテゴリー：野山の野鳥

山鶉 / **ヤマウズラ** / **Perdreau**（仏）

◎産地（生息分布）
ヨーロッパ各地。

◎猟期
ルージュ：9月中旬～12月（ヨーロッパ）。
グリ：10月中旬～12月（ヨーロッパ）。

◎肉の特徴
くせのない白い肉。水分が多く、柔らかいのが特徴。
ルージュ：より淡白でくせがない。
グリ：やや歯応えがあるものの、柔らかい。ルージュより味が濃い。

◎性別による味の特徴
オス、メスとも味に大差はない。

◎季節ごとの味の特徴
猟期中はとくに味に違いはないが、年内に仕入れたほうがいいものを入手できる確率が高い。

◎仕入れ
羽付きあるいは羽なし、内臓付き。
チルドあるいは冷凍。

◎おもな使用部位
胸肉、モモ肉、丸。

◎熟成方法
羽付きのまま3℃の冷蔵庫に逆さに吊るして皮を締めたのち、羽と腸を抜いて再び冷蔵庫に戻して1日乾かして早めに使う。

◎適した料理
肉の柔らかさを生かした料理に使いたい。グリエ、ロティール、アンクルート。シンプルに調理したほうがいいだろう。

◎合うソース・コンディマン
マスカット系のリースリングワインを使ったソース。
フルーティなワインを使ったソース。

野山の野鳥

雷鳥 : ライチョウ

背側から見たライチョウ（性別不明）。スコットランド産。チルドで入荷。1羽1.5kg。

輸入物のみが流通

ライチョウ（仏名グルーズ）は白いというイメージが強いが、これは冬の羽で、夏には灰色がかった褐色に生え変わる。オスの目の上には、小さなトサカのような赤い皮膚がある。メスは地味な色合いだが、オスは色がはっきりとしていて美しい。

ライチョウはわが国の特別天然記念物であるため、国内での狩猟は禁止されている。中部山岳地域の標高の高い場所に生息する留鳥で、長野県、岐阜県、富山県の県鳥でもある。最近のわが国の生息数は2000羽をきっているという報告もある。

したがってジビエとして食用にするのは、輸入物に限られる。スコットランド産がほとんどだが、体は1kgほどと日本のライチョウよりも大きい。

腹側から見たライチョウ。

冷凍物の見分け方

現地では一部のチルド物を除き、だいたい羽付きのまま冷凍保存している。特殊なガスを注入して、ゆるく真空にかけて冷凍するのだが、これを解凍して出荷することが多い。出荷の時期は日本の猟期に合わせるのが通常で、12月末までがチルド物の出荷のピーク。

冷凍物は皮膚が弱るという欠点がある。冷凍すると毛穴が開いて羽を抜くときに皮が破れてしまうのだ。

冷凍物か、そうでないかを判断するには、鎖骨の下あたりの毛を少し引っ張ってめくってみるといい。冷凍であればこれだけで皮が破れてしまう。皮が破れるとそのまま焼物には使えなくなってしまうので、皮をはずすか、ムースや加工品に回している。

熟成期間の判断

また輸入物はいつ捕獲したか正確にわからないのだが、羽を抜くとだいたいどれくらい経っているか予想はできる。皮がムレてにおいがあり、粘り気が出ていれば、少なくとも捕獲から2週間は経っているだろう。皮を見れば脂ののり具合も判断できる。このときの判断で、熟成期間を決めるとよい。

エゾライチョウは狩猟可

なお、北海道のみに生息するエゾライチョウという種類があるが、これは狩猟することができる。十勝の標高の高い地域に定住する留鳥で、輸入物よりも体は小さく500g程度。こちらも、年々流通量が少なくなってきた。

笛で鳥を呼び寄せて散弾銃で撃つ。猛禽類に近い野性味のある肉質で、歯応えがあり、脂が少ない赤い肉で、熟成させるとぐっと旨みが増す。

カテゴリー：野山の野鳥

雷鳥 / ライチョウ / Grouse（英）

◎産地（生息分布）
輸入物はスコットランド産が多い。

◎猟期
8月中旬〜12月10日（イングランド・ウェールズ・スコットランド）。
エゾライチョウは11月15日〜翌2月15日。

◎肉の特徴
歯応えのある肉質。赤身の肉で脂は少ない。独特の香りがある。

◎性別による味の特徴
オス、メスとも、さほど味は変わらない。

◎季節ごとの味の特徴
エゾライチョウ、輸入物ともに寒い時期になると、肉が引き締まってきて、香りもよくなる。輸入物は11月の早めのもののほうが肉が傷んでいない可能性が高い。

◎仕入れ
輸入物は羽付き、内臓付きだが、冷凍物かどうかは定かではない。
エゾライチョウは羽付き、内臓付きをチルドで仕入れる。

◎おもな使用部位
胸肉、モモ肉。

◎熟成方法
輸入物は、状態から判断するが、標準的な大きさ（1kg）のものならば2週間が熟成の目安。羽を抜き、餌袋（餌が詰まっていたら取り除いたほうがいい）、腸を抜き、布袋をかけて、冷蔵庫に逆さに吊るす。
エゾライチョウは羽付きのまま冷蔵庫（3℃）で冷やしたのち、羽を抜き、餌袋と腸を抜いて、布袋をかけて、冷蔵庫に戻し、2〜3週間熟成させるとよい。

◎適した料理
グリエ、ロティールなど。脂が少ないため、加熱するとパサパサになりやすいので火を入れすぎないよう注意。あるいは背脂や網脂でガードしたり、バターをたっぷり使用して補う。

◎合うソース・コンディマン
シャンパーニュを合わせた白いソース。

> 野山の野鳥
>
> # 鵯：ヒヨドリ

果樹園で見かける鳥

　日本近辺のみに生息する野鳥。国内の里山や公園、農村など、樹木があるところならば、いたるところで見ることができる。

　大きさは30cm、200g程度で、全体は灰色がかった羽色の野鳥で、大きさ、色ともオスとメスの区別は明確ではない。

　温暖な気候を好むため、冬になると夏のあいだ北海道や東北などに生息していたヒヨドリは、国内を南下する。また温かい地域に生息するヒヨドリはそのまま定住する。

　昼行性で、花や木の実、柑橘類などの果実などを好むため、農家からは嫌われるが、肉は旨い。ただし体が小さいヒヨドリの肉は、やや苦味があるので、できれば大きいものを選びたい。

　狩猟は散弾銃、あるいはかすみ網が主流。

カテゴリー：水辺の野鳥

鵯／ヒヨドリ

◎産地（生息分布）
日本各地。温暖で果樹栽培の盛んな土地のヒヨドリは美味。

◎猟期
11月15日〜翌2月15日。

◎肉の特徴
淡白な赤い肉。小さいものほど淡白なので、なるべく大きいものを選ぶ。

◎性別による味の特徴
オス、メスとも味はさほど変わらない。

◎仕入れ
羽付き、内臓付き。あるいは羽をむしって内臓付き。

◎おもな使用部位
丸、モモ肉、胸肉。

◎熟成方法
入荷したら少し冷やして皮を締め、その日のうちに羽を抜いて、3℃の冷蔵庫で保存する。その日のうちか、遅くとも2〜3日中には使いきる。

◎適した料理
丸のままロティール、骨ごと砕いてムースに。

◎合うソース・コンディマン
マーマレード、果実を使用したもの。

鳥類の下処理

鳥類は仕入れたら、ある一定期間（3日間程度）そのまま3℃の冷蔵庫において冷やしたのち、羽をむしり、内臓を抜いて湿度0％、温度0℃の環境で一定期間熟成（乾燥）させる。食べ頃となったら料理の用途に応じておろしていく。ここでは羽の抜き方、半身のおろし方、1枚に開く方法を、マガモ、オナガガモ、コガモで解説する。

背の羽をむしってみる。生え変わる前の黒い羽の根元が残っていないものを選びたい。これが残っていると、調理時に羽がこげるにおいがついてしまう。もし黒い羽が残っていたら、毛抜きなどできちんと抜き取ること。

[羽の抜き方]
マガモで

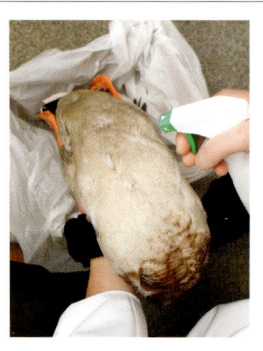

1 羽が周囲に散らないように、ダンボール箱などに大きなビニール袋をしき込んで、この中で処理する。まず、すべらないよう羽全体を霧吹きの水で湿らせる。

2 首のつけ根をしっかりとつかんで、頭を手前、胸側を上に向ける。

3 首のほうから尾のほうに向かって羽の生えている向きに逆らわずに、下に下に羽を抜く。

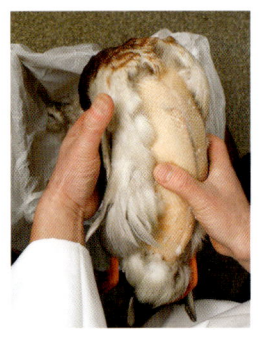

4 胸側があらかた抜き取れたら持ちかえる。

5 胸元の羽の生えている向きに沿って、上に上に羽を抜く。

6 羽はあらゆる向きに生えているので、適宜向きを変えながら抜き取る。側面は横に横に抜く。

7 モモと手羽の羽は、根が深いので、皮が破れないよう加減しながらゆっくり抜く。

56

8 手羽のつけ根の羽は力を入れてしっかり抜き取る。

9 頭を手前、背側を上に向け、霧吹きで水を吹いて湿らせる。下に向かって羽を抜く。狩猟期後半になると、皮がゆるんでくるので、破らないように加減する。

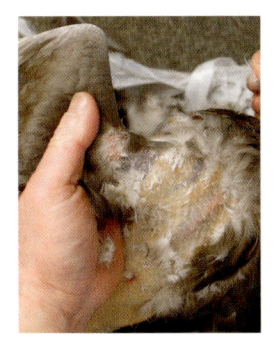

10 手羽のつけ根まで、きれいに抜き取る。

11 モモのうぶ毛も残さずに。残すとバーナーで焼いたときに、肉ににおいがこもってしまう。

12 尾羽は1本1本力を入れてていねいに抜き取る。

13 羽焼きを行なう。必要以上に熱を入れたくないので、そばに氷水をかならず用意する。

14 モモ、手羽、胸側の順にバーナーで残った羽を焼いていく。胸肉が一番大切なので、ここを最後にし、必要以上に熱が入らないようにする。

15 氷水にとって冷やし、こげたところを洗い落とす。

16 頭を持って、ハサミで首を切り落とす。

17 手羽もつけ根で切り落とす。

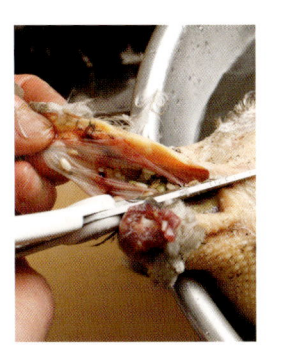

18 食道にコメなどの餌が詰まっているため、ハサミで首ヅルを切り、食道をむき出しにする。

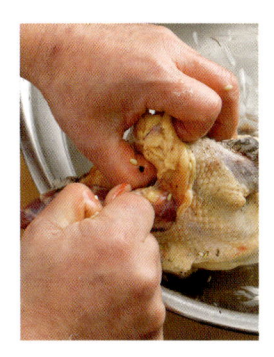

19 食道を指でさぐって引っ張って抜く。

第2章 野鳥 鳥類の下処理

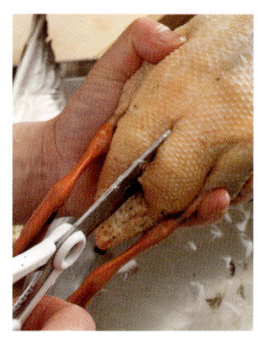

20 胸側を上に向け、ハサミで尻から切り目を入れる。

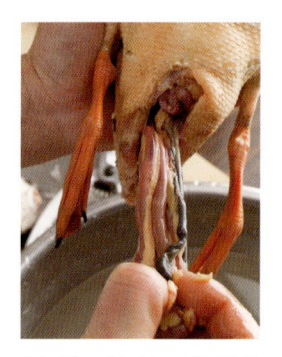

21 腸の根元には腎臓がついているので、あまり深追いしない。内臓を傷めないように。とくにレバーと砂肝は傷つけないように残す。

22 抜いた食道(左)と腸(右)。

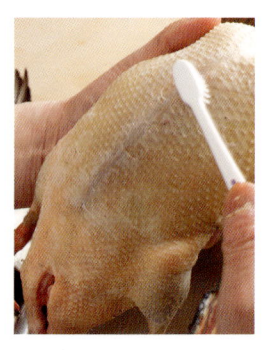

23 歯ブラシなどの小さなブラシで汚れを落とす。水気をふいて、残った羽などがあったらきれいに毛抜きなどで抜き取る。

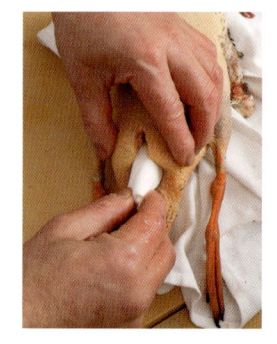

24 腸を抜いた部分に、丸めたキッチンペーパーを詰める。

25 足が開かないようにタコ糸で結わく。

26 Ｓ字フックに吊り下げて2℃の冷蔵庫に。この向きならば、においが回らない。

[**半身にする**]
オナガガモで

それぞれの鳥に合った熟成期間をおいたのち、さばいて調理する。オナガガモは5日間。小さなコガモなどは、熟成せずに使っている。

1 熟成を終えたオナガガモ。他の鳥類もさばき方はこれに準ずる。

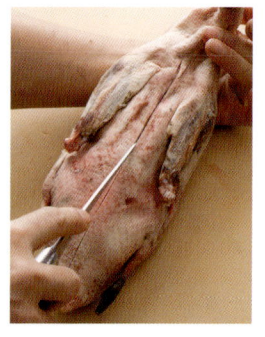

2 背側に包丁目を浅く入れる。

3 胸側を上に向けて、骨に当たるまで深くナイフを入れて胸骨に沿って切り進める。

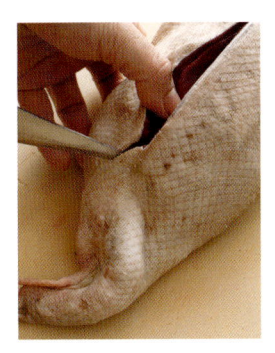

4 鎖骨に沿ってナイフを入れる。

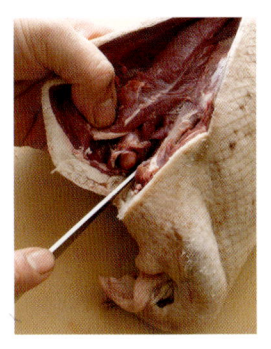

5 手羽の関節を切りはずす。

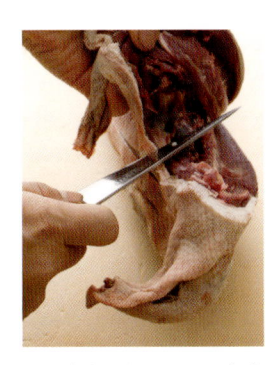

6 皮を切りながら、半身を引っ張る。

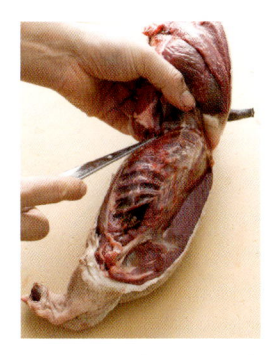

7 ソリレスをつけて、大腿骨の関節を切りはずす。

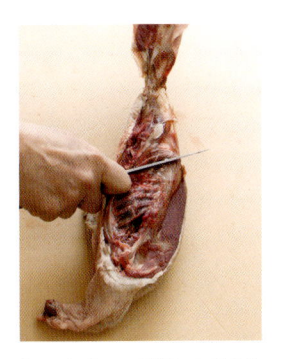

8 ナイフの刃元でガラを押さえて、半身を引っ張ってはずす。

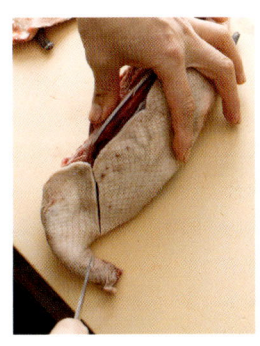

9 もう半身も同様に、胸骨、鎖骨に沿って包丁を入れる。

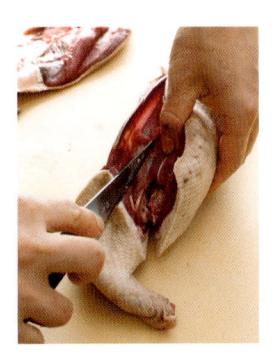

10 ガラに肉を残さないように切り進める。

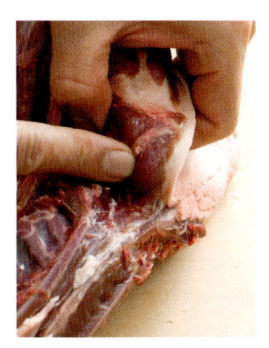

11 指で示している部分がソリレス。これを肉につけて、大腿骨の関節を切りはずす。

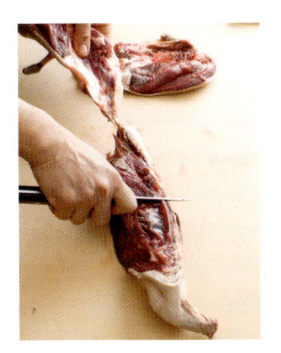

12 ガラを刃元で押さえて、肉を引っ張ってはずす。

13 半身2枚とガラ。

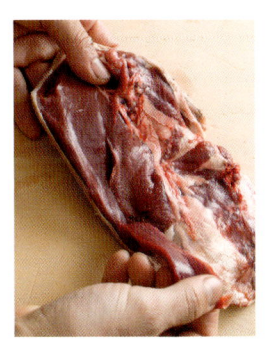

14 胸肉からササミをはずす。ササミは火の通り方が違うので、別に調理する。

[1枚に開く・内臓の処理]
コガモで

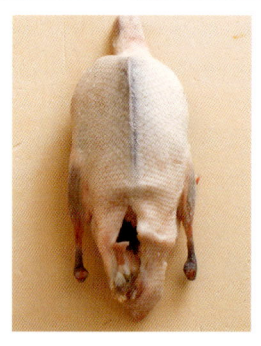

1 食道と腸を抜いて、頭を落とし、手羽を切りはずしたコガモ。

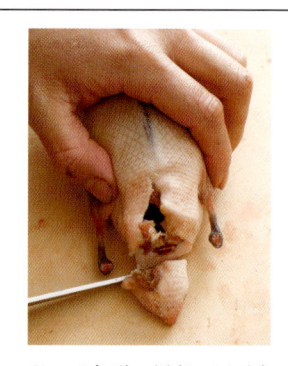

2 三角形の尻(ぼんじり)を切り落とす。

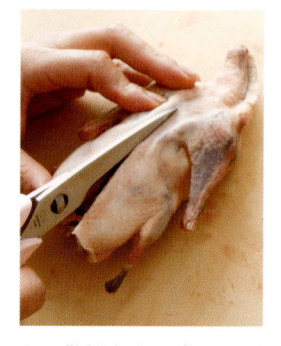

3 背側を上に向け、尻のほうからハサミを入れて、内臓を傷つけないように背骨に沿って肋骨を切る。

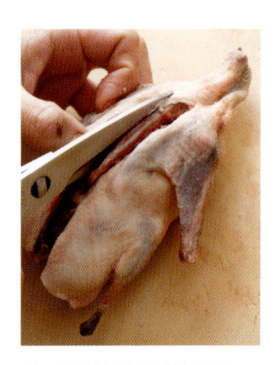

4 反対側も同様に切る。

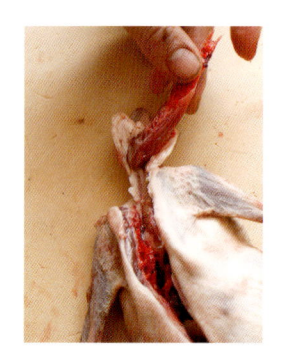

5 背骨と首ヅルを切りはずす。

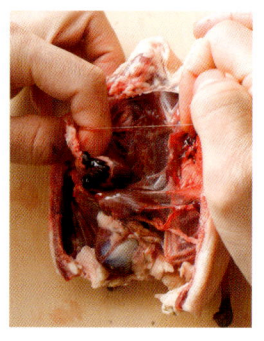

6 指で内臓の膜を肋骨からはがしながら、ハツ、レバー、砂肝をはずす。

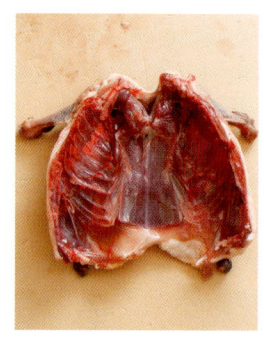

7 身が平らになるように開く。

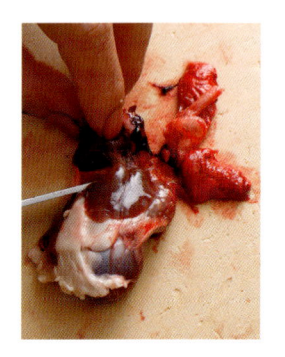

8 内臓から血合いと肺を取り除いて、ハツ、レバー、砂肝を取り分ける。

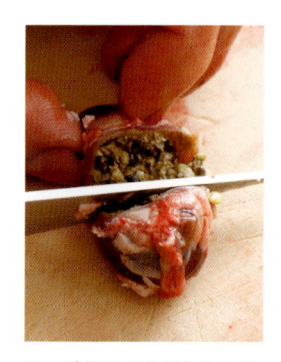

9 砂肝に切り目を入れて、なかに詰まっている餌を除く。

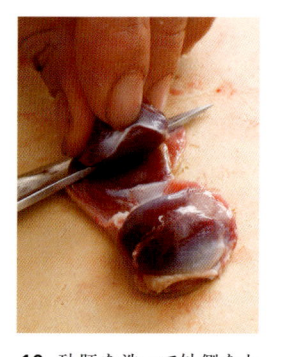

10 砂肝を洗って外側を上に向け、こぶのような身を銀皮からそぎ落とす。2個とも同様に。

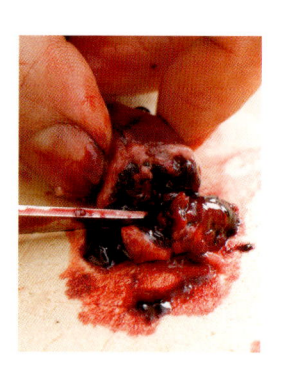

11 ハツの元を切り落として形を整える。中の血合いを洗う。レバーは用途に応じて切り分ける。

第 3 章

獣

[大型の獣]

[小型の獣]

大型の獣

本州鹿 ：ホンシュウジカ

ホンシュウジカのサドル（胴体）。4〜5歳（歯の年輪と角の数でわかる）。と殺して3日間3℃の冷蔵庫で冷却したもの。

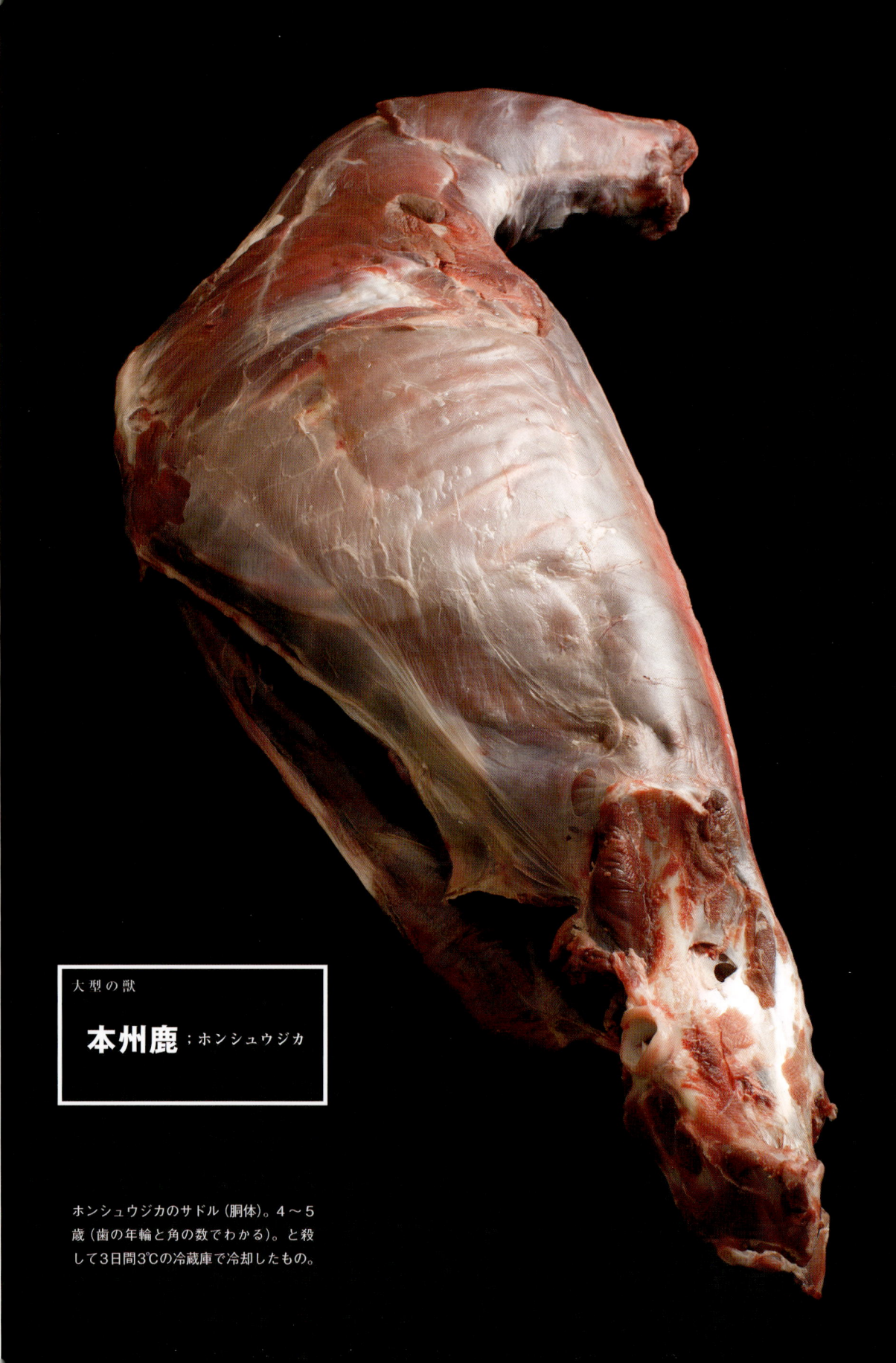

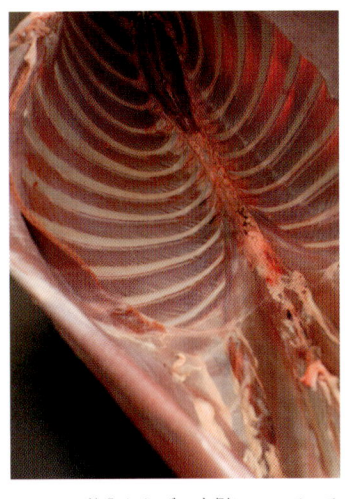

サドルで仕入れれば、内側についているヒレ（写真手前）やその他の部位が利用できる。

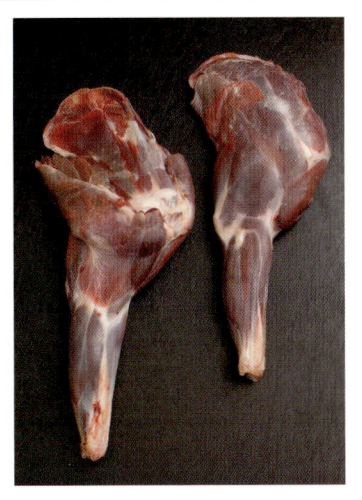

右は外側から見たウデ、左はウデの内側。

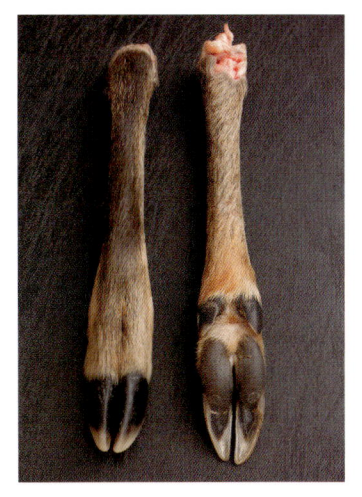

後ろ脚（モモ）のアキレス腱。前脚（ウデ）のアキレス腱は細くてスジもかたいので後ろ脚のアキレス腱を使う。

↓ ［熟成後］

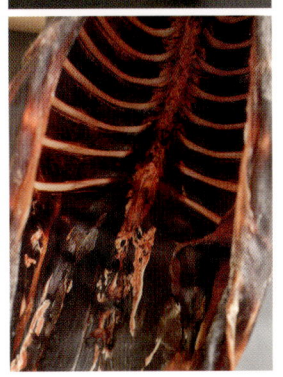

2週間の熟成を経たホンシュウジカのサドルと腹の内側の様子。

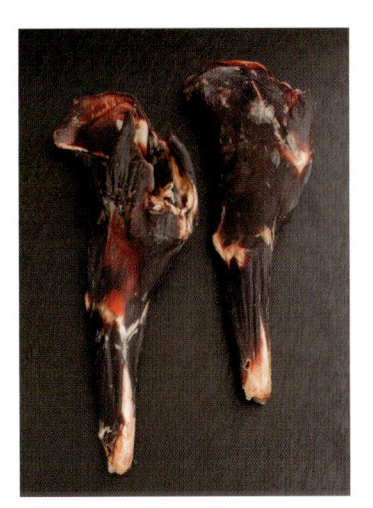

ウデ。左は内側、右は外側。

モモ。左は内側、右は外側。

63　第3章　獣　ホンシュウジカ

日本のシカ

わが国に生息するシカには、本州のホンシュウジカ、北海道のエゾシカ、九州のキュウシュウジカ(キョン)、屋久島のヤクシカなどがある。一般的にホンシュウジカは血のにおいがし、エゾシカは脂のにおいがすると言われる。

ホンシュウジカはほとんど脂がなく、身は薄いので、ロースとモモ以外の首、バラ、ウデはテリーヌやサラミやソーセージなどの加工用に利用される。

ホンシュウジカの生息域

日本各地の里山では、少し山に入るとホンシュウジカに出くわすのは珍しいことではない。シカは通常オス1頭に対してメス3〜4頭の群れをつくっている。生息する地域によって餌は違うが、笹などの木の葉、稲穂、樹皮などの草食。太平洋側に生息するシカはおもに木の葉を好んで食べる。

猟期と旬

ホンシュウジカの猟期は他のジビエと同様、11月15日から翌2月15日だが、有害駆除対象となっている地域では、いつ捕獲してもよいとされている。

なかでも一番いい時期は6〜10月末にかけて。この時期になるとオスは脂がのってくる。

オスの生態

オスは春先になると枯れ角が落ち始める。すると角跡から柔らかい袋角が生えてくる。余談ではあるが、この袋角を切って(また生えてくる)焼酎に漬けると袋角が溶けてくる。溶け出した焼酎は強壮剤として珍重されている。

発情が2月頃に収まり、5〜6月になるとぐっと脂がのってホンシュウジカの食べ頃となる。オスは秋に再び発情期を迎え、12月頃になると、肉にもにおいがついてくる。

メスの生態

メスは3〜4月になると腹子(子ども)ができるので、この時期のメスは獲らないというのが猟師の間では暗黙のルールとなっている。

4〜6月に出産するが、出産直後はやせているので、まだいい時期ではない。ただしメスでも子ジカであれば夏でも旨い。

9月頃になると、やっとメスに脂がのってきて、年内いっぱいが食べ頃となる。メスも秋に発情期を迎え、12〜翌1月には肉のにおいが強くなってくる。

発情期に入ると、メスもオスもホルモンバランスの影響で肉のにおいがきつくなるだけでなく、肉質がゆるんでくる。

ホンシュウジカの狩猟方法

猟は「箱わな」と「くくりわな」が主流。一つの山で30〜50ヵ所にわなを仕掛けて、朝と昼にわなを見回る。シカがわなにかかっていたら、その場で頚動脈を切って放血し、内臓を抜く。シカは体温が高いので、そのまま時間をおくとダニが発生して、内臓にガスがたまってしまう。処理は早ければ早いほどよい。ただし処理後、川に浸けて血を流すと、シカ独特の血の味が抜けてしまうので注意する。

なお長野、富山などの山中では散弾銃が用いられている。

ホンシュウジカの名産地

ホンシュウジカの善し悪しは、まずサイズである。大きいほどよいとされる。オスは40〜50kg、メスは30〜40kgならば歩留まりもまずまずである。めったにお目にかかれないが、80kgを超えるものもいる。

京都丹波や石川のシカは、餌もよく寒冷地なので体が大きくなり、肉の発色は抜群だ。長野県の大鹿村や遠山郷、岐阜の郡上、長野と富山にまたがる黒部、新潟あたりの山中のシカも同様で良質な肉になる。

また宮城県の女川、静岡県の下田、千葉県の鴨川など、海岸近くに棲むシカは潮風を受けた餌を食べて、おいしい肉となる。ただ千葉は温暖な気候なので、肉がややダレて、モモ肉の色は少し黒ずんでいる。下田

あたりは千葉よりもやや状態がよく、モモ肉の発色もまずまず良好である。

　不思議なことにホンシュウジカは、いい年と悪い年が交互にやってくる。理由は定かではないのだが、シカが餌を食べ尽くしてしまうせいなのかもしれない。

カテゴリー：大型の獣
本州鹿 ／ ホンシュウジカ ／ **Chevreuil**（仏）

◎産地（生息分布）
岩手以南から九州まで。

◎猟期
11月15日～翌2月15日。有害駆除地域は通年可。

◎肉の特徴
鮪の赤身に似ている。血の香りが強い。少し乾かすと、ねっとりとした食感が得られる。ロースとモモしかとれないので、歩留まりは悪い。

◎オスメスの味の特徴
オスは歯切れがよく、血の香りも強い。メスはねっとり感がある。オス、メスとも、脂はぼろぼろとした食感であまり美味ではない。

◎季節の違いによる特徴
オスとメスの発情期は肉が臭くなるので避ける。オスは5～11月、メスは9～11月までが脂がのって肉が旨くなる。

◎仕入れ
モモ、ロースの部位（真空パック）で出回る。もちろん半身、あるいは1頭で仕入れることも可能。この場合、首、ウデ、バラなどは加工品に使う。

◎おもな使用部位
モモ、ロース、ヒレ。

◎熟成方法
真空パックを開いて3℃の冷蔵庫で、モモは2週間（小さいものなら10日間）、ロースは1週間ねかせる。途中粘りが出てきたら布を巻いて乾燥させる。
私の店ではシカをサドルとモモに分けて、温度0℃、湿度0%の熟成庫で2日間乾かす。生臭さがとれたら、温度2℃、湿度40～45％に移し、1週間おく。すると見た目は乾くが、肉にしっとり感が出てくる。この段階でロースは使い始める。モモはもう少し長くおいて（2週間ほど）使う。

◎適した料理
モモはロティールやソテー。グリエもよい。ソーセージやパテなどの加工品にも向くが、肉がべたつくので、非加熱のサラミには向かない。
ロースは鉄分が多いので、たっぷりの油を加えた焼物、ロティール、グリエ、ポワレ。

◎合うソース・コンディマン
クセのある赤ワインでつくった赤ワインソース。甘いソースやバルサミコ酢、フルーツはあまり合わない。

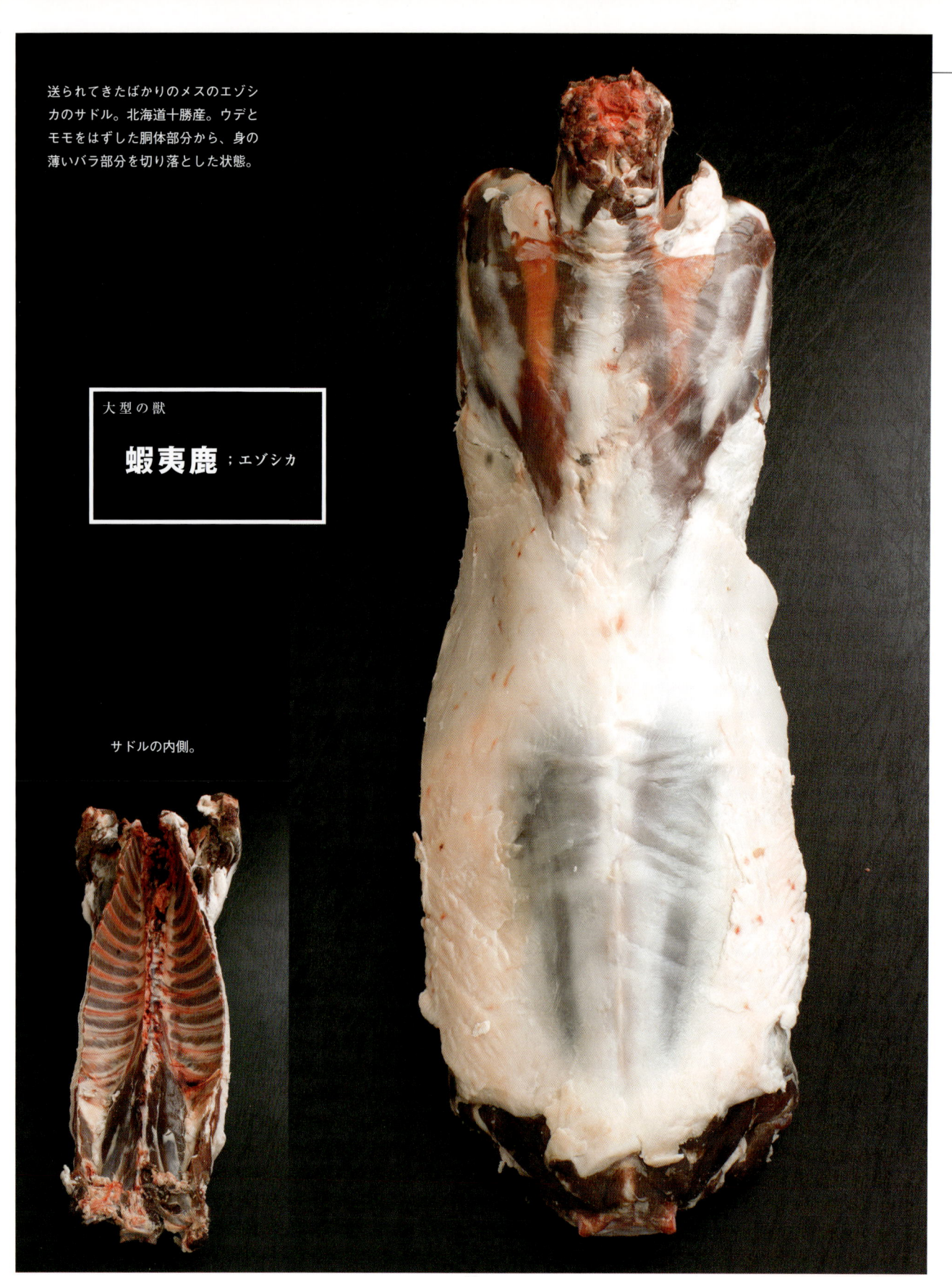

送られてきたばかりのメスのエゾシカのサドル。北海道十勝産。ウデとモモをはずした胴体部分から、身の薄いバラ部分を切り落とした状態。

大型の獣

蝦夷鹿：エゾシカ

サドルの内側。

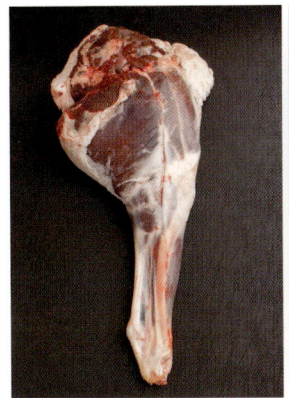

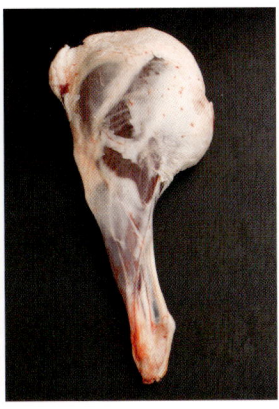

2、3歳のエゾシカのオスのモモ。このくらいになると、肉のにおいが強くなる。フレッシュならばカルパッチョに、熟成後はトリミングしてタルタルなどに。いずれもブロックのまま真空パックにして、芯温を63℃に設定したスチームコンベクションオーブンで加熱し、急冷したものを使用。

[10日間熟成]

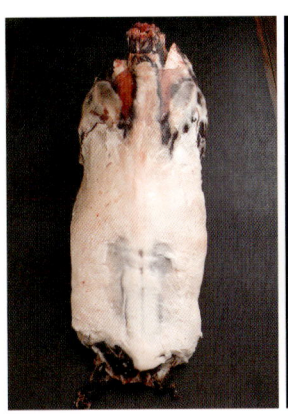

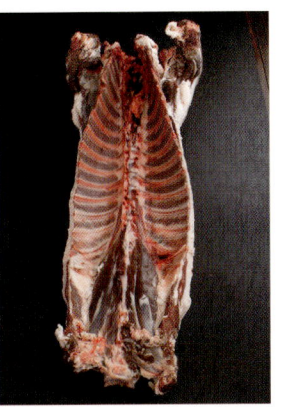

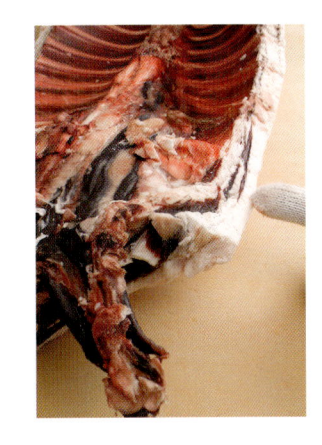

エゾシカの脂はゴツゴツ、ボロボロしていて融点が高いのが特徴。

10日間熟成したエゾシカのサドル。

[1ヵ月熟成]

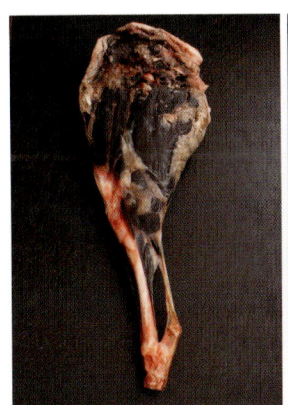

1ヵ月の熟成を経たエゾシカのモモ。

1ヵ月熟成させると、脂の水分が飛んで蝋のようにかたくなる。

表面は完全に乾いているのでややかたくなっていて、指で押すと広い範囲でへこむが、内側には弾力が残っており、ゆっくり元に戻る。

エゾシカの生態

エゾシカは、ニホンジカの国内最大の亜種で、北海道のみに生息している。オスは最大150kg、体長190cmに達する大型の草食動物だ。寿命はおおむね14年から20年と言われている。

オスには立派な2本の角がある。この角は毎年落ちては新しく生え変わる。その生命力には驚かされる。4月になると枯れ角が落ち、新しい柔らかな袋角が生え始める。これが次第に枝分かれし、9月には再び立派な枯れ角となり、繁殖期の前になるとオスは樹木に枯れ角をこすりつけてマーキングをする。

10月以降、繁殖期に入り、メスは満2歳になる6月頃、はじめて1頭の子どもを産む。

生え変わるのは角だけではない。オス、メスとも5〜6月には夏毛に変わり、10月には厳しい寒さをしのぐために冬毛に生え変わる。北海道の冬は雪が深いため、冬期は積雪の少ない場所に移動して群れをつくって越冬する。雪が溶けるとシカたちは行動範囲を広げ、高山地帯や人里まで出没する。

エゾシカの生息域

明治時代にはエゾシカは絶滅の危機に瀕したが、その生息数は59万頭(2011年現在)と言われ、その数は年を追うごとに増加し、かつては道東中心だった生息地域が、現在は北海道全域に広がっている。

その数の増加とともに、樹木の樹皮をはいだり農作物を食い荒らすといったエゾシカによる農業や森林へのダメージが社会問題となっているのは周知のところである。

北海道の海岸、山、里山などあらゆる場所で見かけるが、人間の身近に出没する2〜3歳のエゾシカはあまり旨くない。砂浜に出現するシカは、プレサレの羊と同様、潮風にあたった草木を食べているので、肉の味もよい。

銃器と囲いワナによる狩猟

エゾシカ猟は、銃器(ライフル)と囲いわなによる生態捕獲が主流となっている。猟期は10月1日から1月31日だが、有害駆除対象なので、通年捕獲でき、1頭駆除するごとに行政から報奨金が支払われる。

ライフルならば首を狙ったネックショットがよいとされている。内臓も傷まないし、撃ったときにあばれて打撲傷を負わないように一発で絶命させたいからだ。

なお生態捕獲については、p.74で詳しく説明する。

食用肉としてのエゾシカ

現状では、と殺されたエゾシカは、レストランに食肉として卸されるよりも、缶詰やレトルトカレー、ドッグフードの原材料として流通する量のほうが多いが、よい時期のエゾシカはクセも少なく、赤身肉なので健康的で栄養価が高く、とても扱いやすい。

当歳(その年に生まれたもの)のエゾシカは、フランス料理店でクリスマスの食材としてよく使われるようになってきたが、使いやすいのは1〜2歳の若ジカで、まだ柔らかくクセもない。2〜3歳になると歯応えが出てきて味も濃厚になってくる。4〜5歳になると、クセが強くなってくる。

私は3歳(100kg)くらいまでのシカを選ぶ。オスかメスかで選ぶならば、メスの肉をおすすめする。

おいしく食べるコツ

さて、エゾシカをおいしく食べるためのポイントは、独特の甘ったるい脂のコントロールである。エゾシカの脂の甘い香りは好き嫌いがある。

これを食べやすくするためには、脂に含まれる水分を上手に抜くとよい。熟成時に扇風機などを入れて脂側に風を当てて2週間から1ヵ月おくと格段に食べやすくなる。

カテゴリー：大型の獣
蝦夷鹿 / エゾシカ

◎産地（生息分布）
北海道全域。

◎猟期
10月1日～翌2月15日。有害駆除対象地域では通年。

◎肉の特徴
クセがない赤身肉。脂肪は独特のむわっとするような甘さがある。

◎性別による味の特徴
メスのほうが味がよい。肉の筋繊維が密で細かく、脂肪も比較的なめらか。できれば1～3歳のメスを使いたい。
オスは肉の筋繊維が粗く、大味。脂肪がゴツゴツしていて、脂の甘いにおいが強い。

◎季節ごとの味の特徴
10月1日の猟期が始まる頃から雪が降る前までが肉の状態はよい。11月後半が肉質のよさのピークとなる。雪が降り始め、寒い冬がやってくると、この脂が次第にやせてくる。
年が明けると、脂肪がボソボソしてくる。エゾシカの脂は融点が高くて口のなかで溶けにくく、それほど食味はよくないので、やや脂が枯れ気味の時期（2～3月）も悪くない。この時期のエゾシカは赤身の肉も枯れ始めるが、これもまた旨い。サドルの上部（内臓が入っている内側部分）が広く、脂が厚くついているのが健康なシカの見分け方。

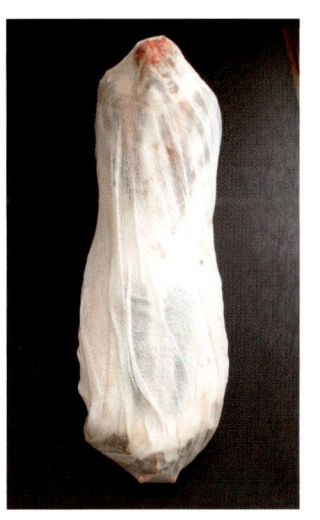

ミートラッパーに包んでビニール袋に入れ、ダンボールに詰めてチルドで送ってもらう。

◎仕入れ
部位別に真空パックで冷凍したものが出回る。おすすめは布（ミートラッパー）に包んでチルド配送。北海道でエゾシカは「なれ肉」と呼ばれるほど水分が多く、パック内にドリップが出てしまうので、パックよりも布で包んだほうがよい。サドル、モモ（骨付き）での入手も可能。

◎おもな使用部位
ロース、モモ肉、ウデ、首。

◎熟成方法
サドルで仕入れた場合は、冷蔵庫に扇風機などを入れて風を当てながら2週間～1ヵ月かけて脂側を乾かす。腹の内側はあまり乾かさないほうがいい。
大型の冷蔵庫がない場合、パーツで仕入れたら、真空パックにかけて氷詰めにして冷蔵庫に入れて熟成させ、そのあとパックから取り出して乾かす（→p.100）。
私の店では、エゾシカの体温が完全に下がったら、温度0℃、湿度0％の熟成庫で3日間乾かし、その後温度2℃、湿度40～45％の熟成庫に移して2～3週間おき、その後3日間で使い切っている。
いずれにしても脂肪の水分を抜いてから加熱調理すると、脂に透明感が出てくる。

◎適した料理
ロースはロティール、グリエに。
モモは非加熱の生ハム、サラミ、加熱ハム、ソーセージ、パテなどの加工品に。
ウデ、首は加工品に。ウデは煮込みやシヴェにも向く。
加熱時、40～45℃の温度帯でエゾシカのたんぱく質がふわっと開く状態のときがある。このときにオーブンやグリルから取り出して、余熱で火を入れてしばらくやすませると上手く焼ける。
また1本10kg以上の大型のエゾシカのモモならば、毛付きのままプロシュートのような生ハムをつくってもよい。流水にさらして血を抜いてから、塩漬けにしたのち、乾燥させてつくるが、ポイントは血をしっかり抜くことだ。

◎合うソース・コンディマン
フルーティな香り、柑橘系のソース。赤ワインソース。ジュニエーブル（ねずの実）も合う。脂が甘いので、切れ味のよさを出すのがポイント。

[**サドルの処理**]

ヒレとウデのつけ根をはずす（10日間熟成後）。

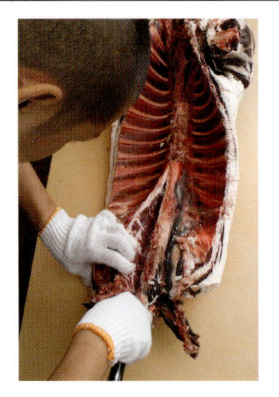

1 背骨に沿ってナイフを入れてヒレをはずす。

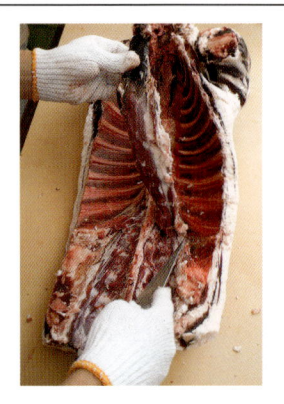

2 もう一方のヒレもはずす。

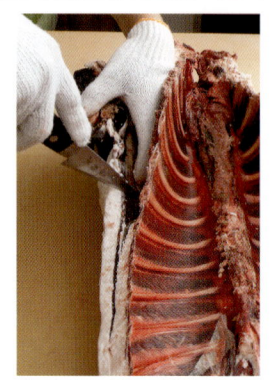

3 ウデのつけ根をはずす。ナイフで切り目を入れて、手で肉をはずす。草食動物の肉ははずしやすい。

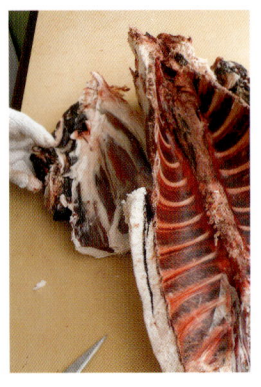

4 ウデのつけ根をはずした。

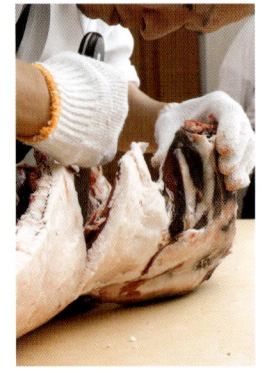

5 もう一方のウデのつけ根もはずす。手で肉を開きながら切り取る。

6 左がウデのつけ根をはずしたエゾシカ。右ははずす前。この後の作業は、p.87のイノシシに準ずる。

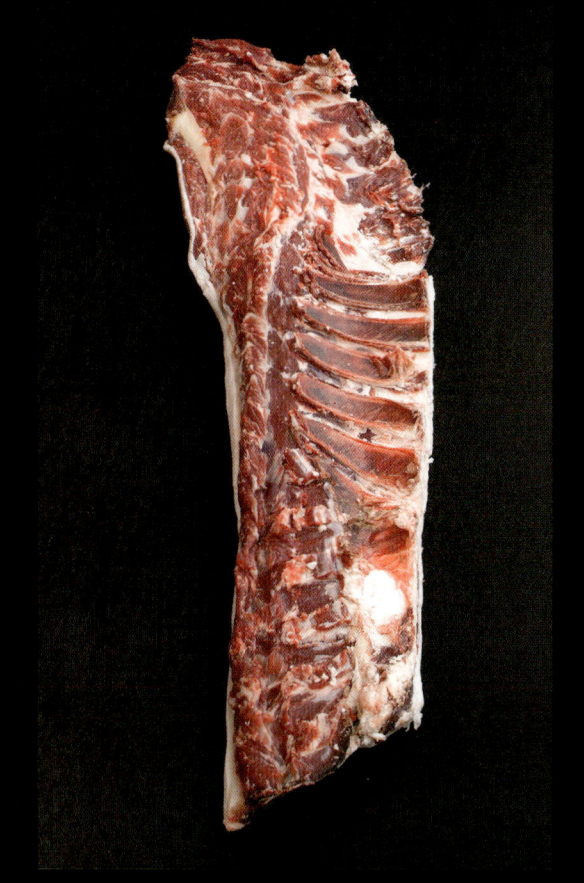

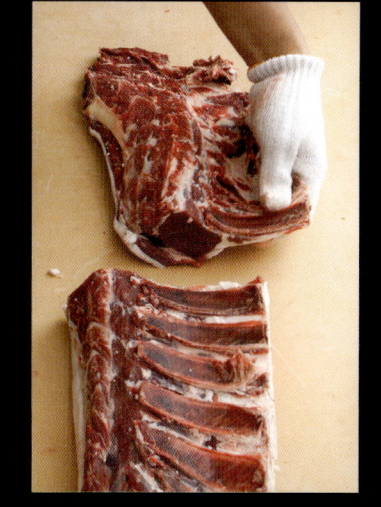

肋骨6本目で切り分ける。

エゾシカのロース。肩ロースと背ロースに切り分ける。

肩ロース。

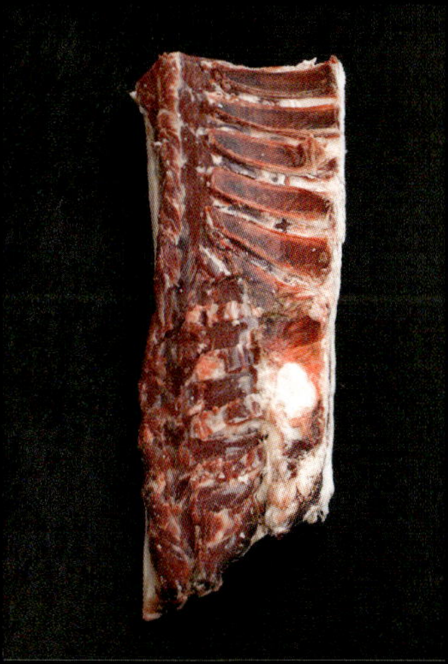

背ロース。

ヒレ。

トムラウシのエゾシカ

トムラウシ山は、大雪山国立公園のほぼ中央に位置する大雪山系の一つで、アイヌ語で「花の多いところ」という意味をもつ美しい山だ。この山の麓の新得町に、エゾシカの食肉処理施設「ドリームヒル・トムラウシ」がある。

前身は同地域の酪農家が中心となって活動を始めたトムラウシエゾシカ研究会で、同地区のエゾシカを有効活用し、新しい産業の振興のために、平成19年11月に農業生産法人株式会社ドリー

ムヒル・トムラウシ（以下ドリームヒル）を設立して食肉処理場を開設した。同施設ではエゾシカの生体捕獲、一時養鹿、と殺、解体、食肉加工、販売の一連の作業を行なっている。国内のジビエの食肉処理施設のなかでは、非常に近代的で衛生面においても優れている施設だ。
　ここでは、ドリームヒルの高倉豊氏にトムラウシ地区のエゾシカの肉の特徴、囲いわなによる生体捕獲について詳しく話を聞いた。

低脂質で高たんぱく　エゾシカの栄養価

エゾシカは夏から秋にかけて、たんぱく質と脂質が増加することが明らかにされている。

シカ肉はミネラルが多く含まれるが、なかでも鉄分は豊富で、100gの肉に6mgも含まれており、これはマグロ赤身の6倍弱、カツオの3倍以上に値する。餌が豊富な夏になると、肉の水分が減ってたんぱく質がぐっと増加する。

一方シカ肉の脂質含有量は、鶏ささ身と同じくらいの低さで、必須脂肪酸のリノール酸などの多価不飽和脂肪酸が多く含まれている。とくに生後まもない幼獣には脂質代謝改善作用をもつ共役リノール酸が成獣よりも多く含まれていることがわかっている。

過剰に摂取しがちな脂質は少なく、不足しがちな良質のたんぱく質に富んでいるエゾシカは、日本人の生活習慣病予防に欠かせない食材と言えよう。

病気の有無

まず、生体時に歩行や毛ヅヤ、やせていないかを目視で確認する。そして処理時に肝蛭（カンテツ。ヒルの一種）の有無を目視で確認する。剥皮し、内臓を抜いて、肝臓を取り出し、肝臓の血管と胆管のなかに肝蛭が存在したらその肝臓は廃棄する。

罹患が懸念されるE型肝炎については、残念ながら目視では判断できない。しかしニホンジカは、豚などの動物に比べてE型肝炎に感染しにくいということが調査で明らかにされている（全体の2.6%感染歴あり）。もちろん感染の可能性はゼロとは言えないので、生食は避け、加熱処理を施すことが必要だ。

CWD（Chronic wasting disease：シカのプリオン病）は現在まで日本には潜在していない病気だ。末期の状態は目視で確認でき、感染したら死に至るという。大学の研究機関の依頼で、ドリームヒルではほとんどの成獣以上の延髄（脳の先端）の検体を送っている。

エゾシカの健康状態は取り出した内臓（おもにすい臓と肺）で判断ができる。

トムラウシ地区のエゾシカの肉質　/ 年齢

エゾシカの寿命は14〜20年と言われているが、食肉には4〜5歳くらいまでが適している。

当歳から2歳までのシカは、オスとメスの肉質にはさほど違いは見られない。この年齢の肉は淡いピンク色で、柔らかく、クセもない。したがってシカらしい個性はまだ薄いものの、非常に食べやすい。

3歳になると、オスはメスの成体（4歳以上）と同じ体重になり、肉は赤みを帯びてくる。子ジカと比べると肉が締まって歯応えが出てきて、この頃のオスが食肉としてはベストの状態だ。肉に弾力とハリがあり、キメも細かい。メスはオスよりも肉色がやや淡い。

成獣になると、オスの肉に少しにおいがつく。これはオスのフェロモンが肉に移るためだ。このフェロモンは強烈で、内臓を抜いた枝肉の状態でオスとメスを冷蔵庫に一緒に吊るしておくと、メスの肉ににおいが移るほどだ。

/ 季節

メスは秋から初冬にかけて一番肉質が充実する。寒くなり始めると、厳しい冬に向かって栄養をたくわえるため、脂肪が分厚くのってきて、モモやロースなどの筋肉がふっくらしてくる。この頃のメスは加熱調理すると、じつに柔らかくなる。

エゾシカは9月後半から10月に交配し、翌年6月に出産する。交配の時期のオスは、食べることよりも、子孫を残すためのハーレムつくりに集中するため、肉質は徐々に落ちてくる。したがって、オス（成獣）の肉は、8月中旬のお盆のあとから9月中旬くらいが一番よい。脂肪の色は白から黄色に変わってくる。

春から夏にかけては、オス、メスともに脂肪がほとんどなくなり、肉もやせてくる。体重は秋から冬の半分くらいに減ってしまう。

生体捕獲と銃器による捕獲

北海道にのみ生息するエゾシカは、年々数が増え、森林や農業に多大な被害をもたらすために、有害動物、いわゆる害獣に指定され、通年の捕獲が許可されている。実際の捕獲行動は変わらないが、10月1日〜翌1月31日（年によって若干の変動あり）の猟期には「狩猟」といい、それ以外の期間中はさまざまな条件のもとで許可捕獲と位置づけられて、一般的に「駆除」と呼ぶ。

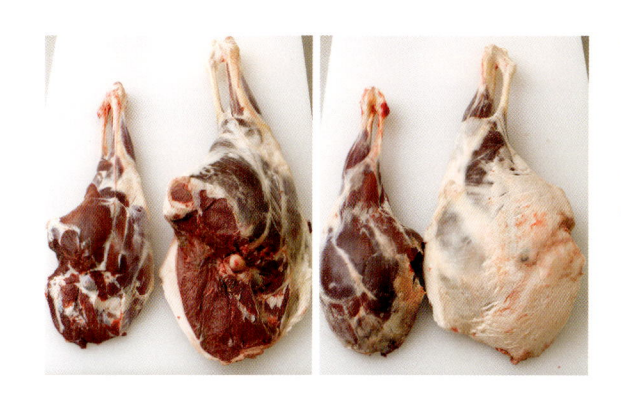

年齢の違いによるモモの比較。左側が当歳のメス。右側が4歳のメス。大きさも違うが、脂ののり方がまったく違う。

モモの断面。右が当歳のメス、左が4歳のメス。4歳になるとかなり脂が厚くのってくる。

　おもな捕獲の方法には囲いわなによる生体捕獲と、銃器による捕獲がある。

　エゾシカを食肉として用いることを前提にした場合、両者にはそれぞれ長所と短所がある。

　まず生体捕獲の利点は、夜中でもわなに誘い込むことができるが、銃器の使用は日が出ているときに限られるので、捕獲のチャンスは生体捕獲のほうがかなり高くなることが挙げられる。一方銃器ならばシカのいる場所を探して、こちらから出向くことができる。

　そして一番重要なポイントは、と殺、放血、剥皮、内臓摘出、洗浄、消毒、冷却までの時間経過である。エゾシカに限ったことではないが、この工程の素早い処理が肉質に大きく関わってくるのである。ドリームヒルの生体捕獲は、管理施設の隣に処理施設があるので、スタンガンで電気ショックをかけ、すぐに放血、剥皮、内臓摘出、洗浄、消毒、冷却ができるが、銃器による狩猟では猟銃で撃ってから放血までに時間がかかる場合がある。一発命中ならばまだ状態はいいが、一発で仕留められなかった手負いのシカは、回収するまでに時間がかかり、その間に肉質も落ちるし、放血まで長時間経過してしまう。

　また撃つ部位によっても、肉に大きなダメージを与える。「ネック撃ち」がいいとされるが、一歩間違って銃弾が延髄に当たると、ロースまで血が回ってしまうし、内臓に当たると腹腔内や肉が血みどろになってしまう。したがって狩猟による捕獲は、卓越したハンターの技量が必要になる。

　一方生体捕獲の場合、処理場まで追い込むときにシカが暴れることがあり、その際に打ち身ができたり、体温が上昇するといったデメリットがある。

囲いわなのしくみ

　ドリームヒルの囲いわなは、トムラウシ周辺に現在5ヵ所設置しているが、道内には必要に応じて移動ができるように比較的簡易な設備のわなもあるようだ。わなのしくみはほぼどれも同じ。

　ドリームヒルのわなの入口は山側に設置されており、通常は開いた状態で、なかにビートパルプなどの餌を仕掛け、この餌に誘われてエゾシカがわなに出入りするようになったら、頃合をみて入口の扉を封鎖するようなしくみになっている。

　囲いわなにかかったエゾシカは、トラックの搬出口まで係員が誘引して、処理場に隣接した広大な管理施設に移して養鹿し、必要に応じてと殺される。

養鹿

　ドリームヒルでは常に30頭程度のエゾシカを管理施設のなかで養鹿している。ちなみにエゾシカは群れをつくる習性があるので、施設内の群れをまとめるリーダーとして3頭のメスを選んで管理している。

　大半のシカは春先に誘引して養鹿し、必要に応じてと殺し、1年を通して適宜補充している。本来ならば、脂がのって太った秋に大量に捕獲したいのだが、山の恵みが豊富なこの時期は、残念ながら、なかなかビートパルプのわなにかかってくれない。

誘引餌料はビートパルプを使用。

囲いわな。設置場所の地形によって、形状は違うが、それぞれのわなには、山側に設置されたシカの出入り口（わなの左上）には落下式扉と監視カメラが仕掛けられており、トラック出入口（わなの左下）、係員の出入口（わなの右下）などが、設置されている。エゾシカがわな内のトラップに触れるか、監視遠隔操作によって扉が閉まる。

シカを誘引するわなの入口。

最終的に長細い通路に追い込んだのち、シカを運搬しやすいように1頭ずつ仕切り扉にて分ける。

囲いわなのトラック搬出口。

ドリームヒルでのと殺から解体まで

と殺から冷却までの一連の処理作業は、短時間で行なうことが肝心だ。作業は、衛生管理の観点から、1次処理（①と殺・放血、②内臓を抜く・洗浄・消毒、③冷却）、2次処理（④解体する、⑤部位に分ける、⑥包装・冷凍）という手順を踏み、それぞれ別室で行なっている。④以降の作業を行なう解体作業室の入口にはエアシャワーが設置されている。

このように処理をされた肉は、シカの風味はあるものの、臭みやクセなどは少ない。

① と殺・放血

1　管理施設から処理施設までシカを追い込み、スタンガンを眉間に当てて、電気ショックで意識が朦朧となったら、あばれないようにしっかり足で押さえ、後ろ脚をウィンチで吊り上げ、逆さ吊りにした状態で、首の前側に包丁を入れて頸動脈を切って放血する。10分間ほどかけて完全に血を抜く。

2　後ろ脚の足首から下を切り落とす。アキレス腱をフックに吊るして、脚から皮を剥いだら、隣の処理室に移す。消化器から内容物が出ないように、食道と肛門を袋でおおい、ヒモなどで結わいておく。

② 内臓を抜く・洗浄・消毒

3　専用の身支度をして、消毒液を通過してから解体を始める。

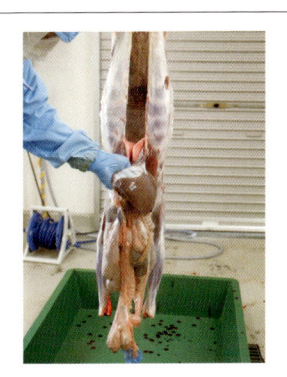

4　肛門付近から首まで腹側を切り、内臓を取り出す。

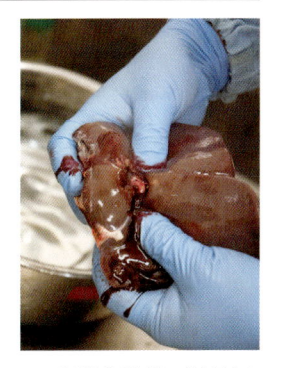

5　肝臓と胆管に肝蛭（カンテツ）がいないか、目視で確認する。

6　肝臓と心臓は食用にするが、それ以外の内臓は廃棄する。

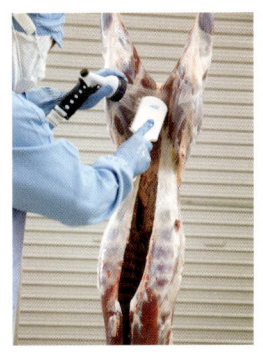

7　腹のなかに水を流しながら、ブラシでよく洗う。

③ 冷却

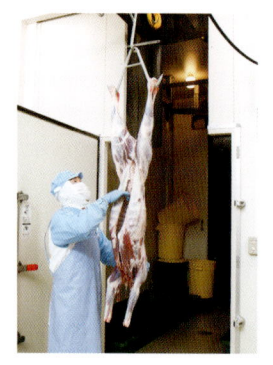

8 きれいに洗ったら、吊るした状態で冷蔵室に移し、一晩おいて肉の熱を冷却する。

④ 解体する

9 係員は消毒液とエアシャワーを通過して、解体作業室に入る。

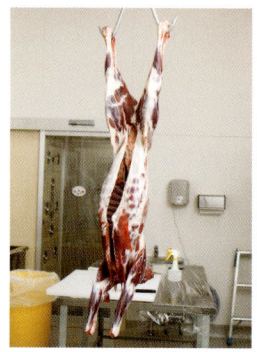

10 冷蔵庫から移して、まず前脚（ウデ）の内側から包丁を入れて切りはずす（両ウデ）。部位に分けたら、その都度重量を計り、記録表（→p.81）に記入していく。

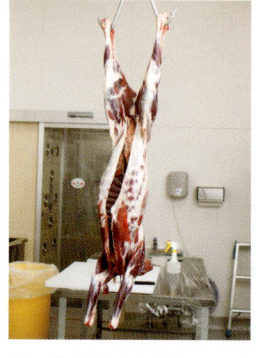

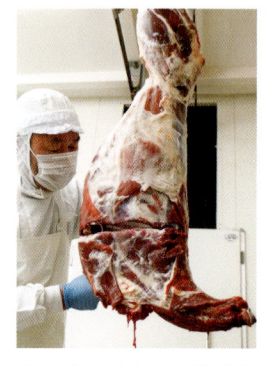

11 両あばらの4番目と5番目の間に包丁を入れて肩ロースをはずす（1枚2.47kg）。

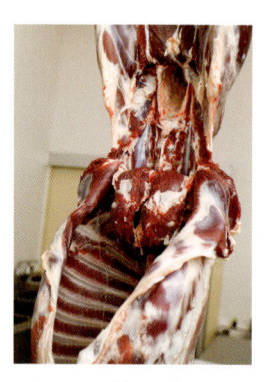

12 ヒレの端から包丁を入れてはずしていく。サドルが分割しやすいよう両側のヒレを途中まではずす。

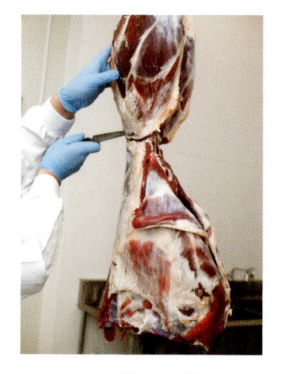

13 サドル部分を切りはずして分割する（4.27kg）。

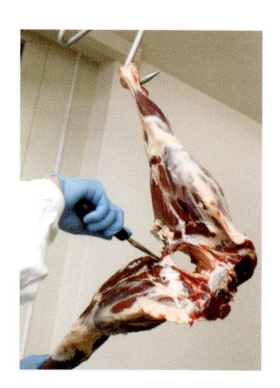

14 両側のモモを骨盤からはずす（3.28kg＋3.83kg）。

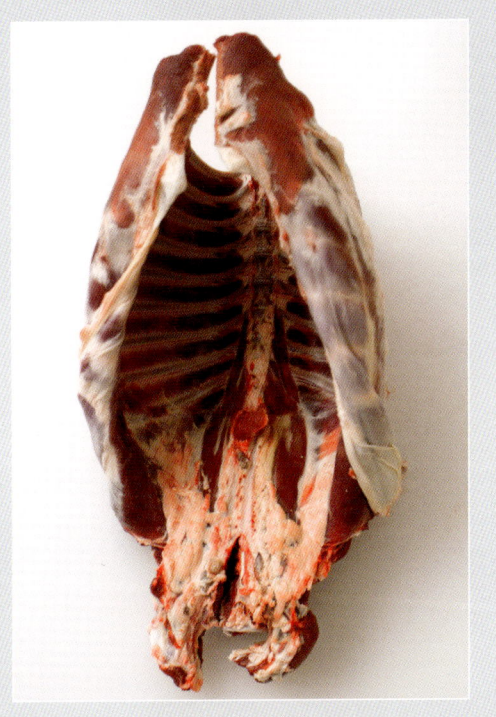

サドル

モモ

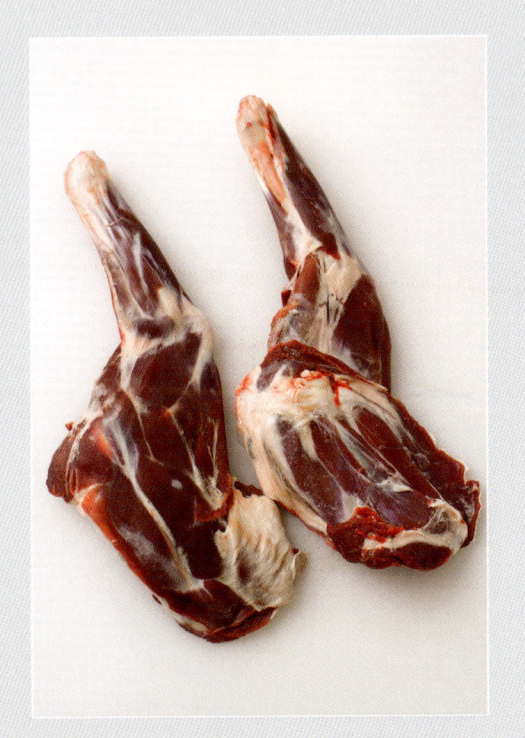

ウデ

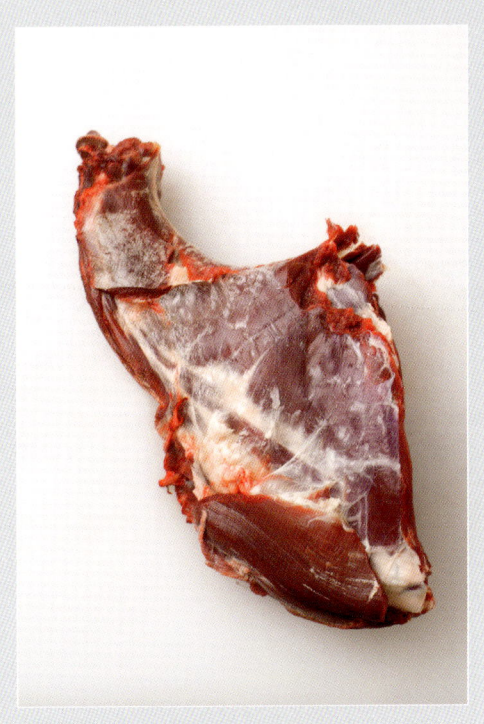

ネック

79　第3章　獣　トムラウシのエゾシカ

⑤ **部位に分ける**

サドル、モモ、ウデ、ネックをそれぞれ出荷する部位に分ける。

サドル

右上からバラ、ロース2本、バラ、下はヒレ2本。

肉の特徴

- バラ/スペアリブの焼物(グリエ、ロティール)に。
- ロース/人気のある部位。柔らかい。ステーキ、しゃぶしゃぶに。価格は4000円/kgくらい。
- ヒレ/柔らかくてキメが細かい。淡白な味。

モモ

右上から外モモ、ランプ、中段内モモ、下右からシンタマ、スネ。腰から尻の上部のランプは、皮下脂肪が厚め。2600円/kgくらい。

肉の特徴

- 外モモ/脂が少なく淡白。ややかたい。焼肉やしゃぶしゃぶに。イチボはロティールに。
- ランプ/外側にほどよく脂がのっている。肉は柔らかい。焼肉に。
- 内モモ/柔らかい。ステーキ、焼肉に。
- シンタマ/旨みがあって柔らかい。焼物に。
- スネ/スジ張っていて歯応えがある。煮込みやしゃぶしゃぶに。

ウデ

モモより肉が薄く、脂肪も薄く、スジ張っている。しかし肩甲骨付近は柔らかく、焼肉に適している。右上からミスジ、サンカク、右下からトウガラシ、肩、前スネ。

肉の特徴

- ミスジ/スジがなく柔らかい。焼肉に最適。
- サンカク/スジがなく柔らかい。焼肉に。
- トウガラシ/スジがなく柔らかい。焼肉に。
- 肩/前ズネよりはやや柔らかいがスジがある。しゃぶしゃぶ、煮込み、ソーセージに。
- 前ズネ/歯応えがよい。煮込みに。

ネック・肩ロース

上はネック2本、下は肩ロース2本。

肉の特徴

- ネック/スジ張っていて、歯応えがよい。煮込みに。
- 肩ロース/柔らかい。焼肉やステーキに。

⑥ 包装・冷凍

1 部位に分けたら、真空包装機にかける。

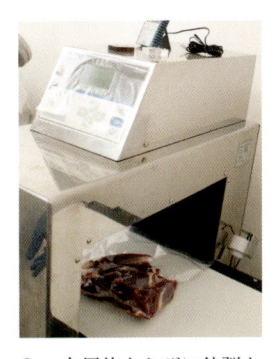

2 金属片ならびに銃弾などが残っていないか金属探知機で確認する。シカは鉄分が多いので誤作動しやすい。このため肉の重量ごとに探知する設定を変える必要がある。

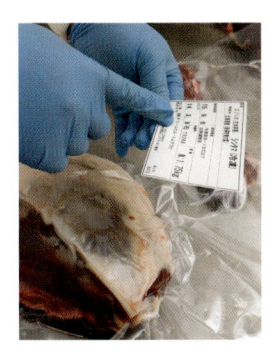

3 計量してシールを貼る。

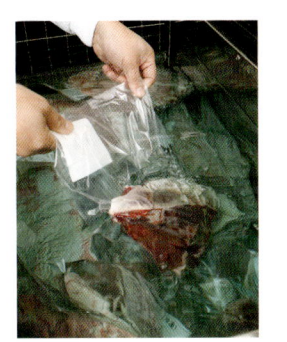

4 −29.8℃のアルコールに入れて液体凍結する。一瞬で色が白くなって凍結する。細胞が破壊されず、解凍時もドリップが出ない。

5 冷凍室に箱詰めにして保管、出荷を待つ。

エゾシカその他の部位の特徴

・アキレス腱／1頭分では少量のため、冷凍してためておく。中国では薬膳料理にも使われる。
・タン／10cmほどで小さい。食味はよいが、汚染部位なので、状況を見極め、よく洗浄して用いる。
・レバー／牛レバーよりはるかに多い鉄分を含み、美味。加熱してもコリコリとした食感が残る。

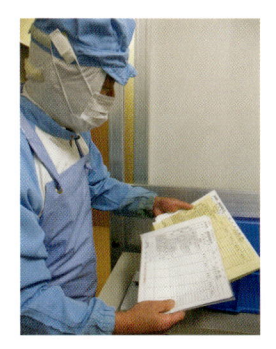

解体処理確認記録表

シートに、と殺日、年齢、重量、性別などを書き込んでいく。おおよそ80kgの生体ならば、放血、剥皮をすると40kgになり、骨を除くと20kgになる。ちなみに取材当日に解体したエゾシカは、当歳のメスで、28.1kgの個体。

ドリームヒル・トムラウシの施設とスタッフ。左から田村博靖氏、高倉豊氏、大原昭宣氏。
北海道上川郡新得町字屈足トムラウシ81番地
Tel. 0156-65-2900

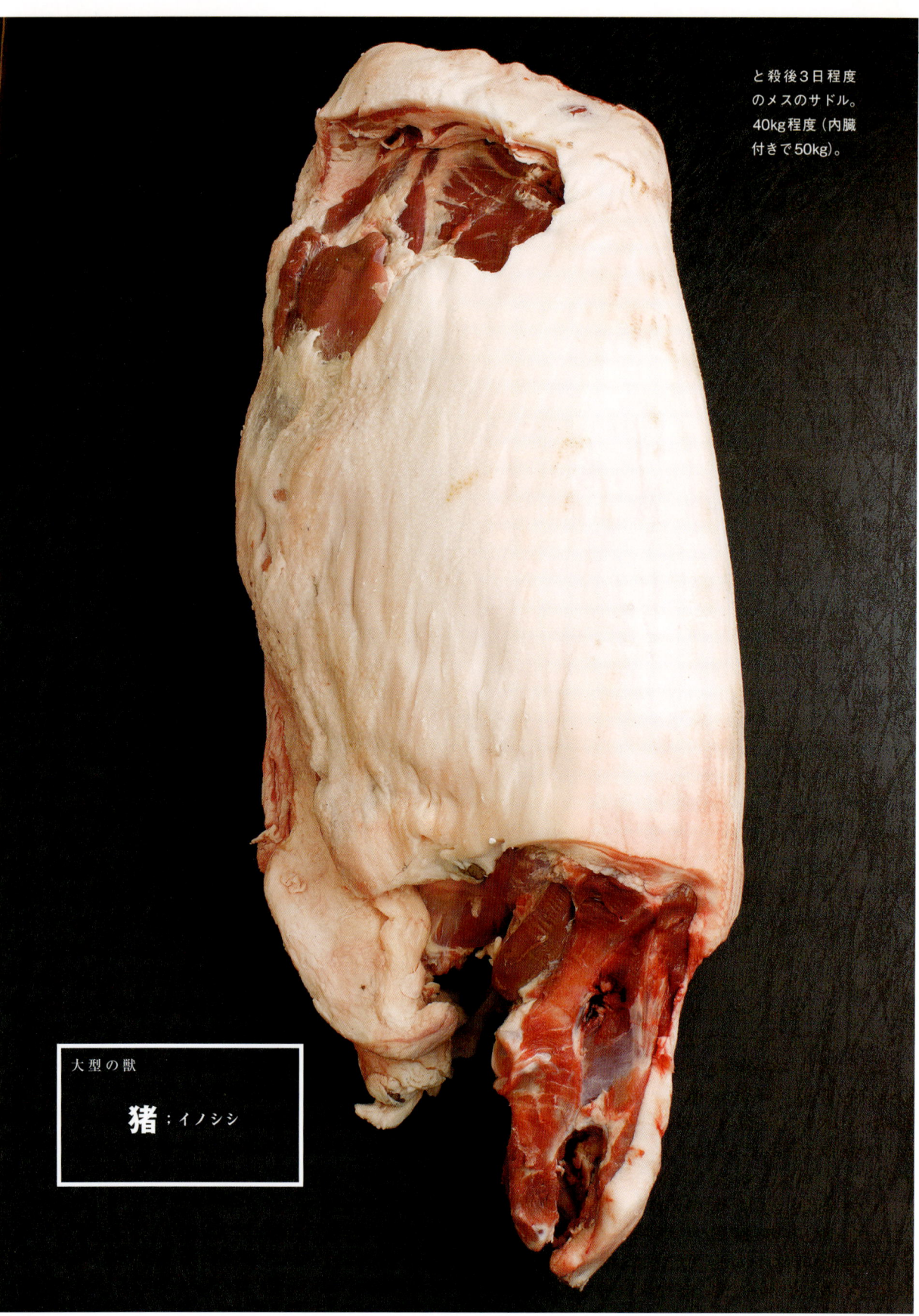

と殺後3日程度のメスのサドル。40kg程度（内臓付きで50kg）。

大型の獣

猪 :イノシシ

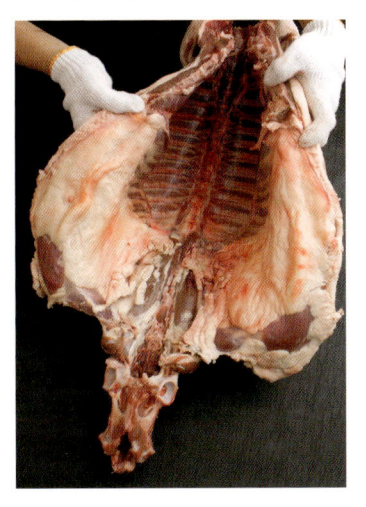

サドルで仕入れると、ヒレが利用できる。　　　　モモ。

［熟成後］

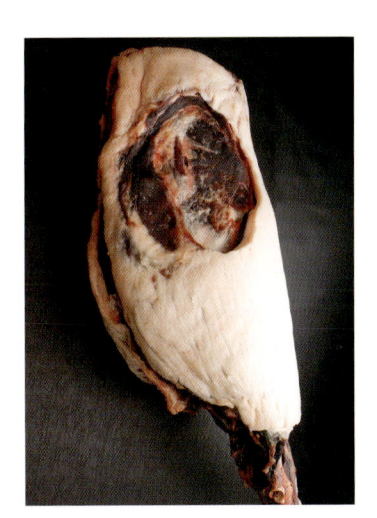

10日ほど熟成させたイノシシ。大きさ、状態によって30日間くらいまで熟成できる。モモ、ウデ、首をはずしたサドルの部分。この状態での入荷も可能。

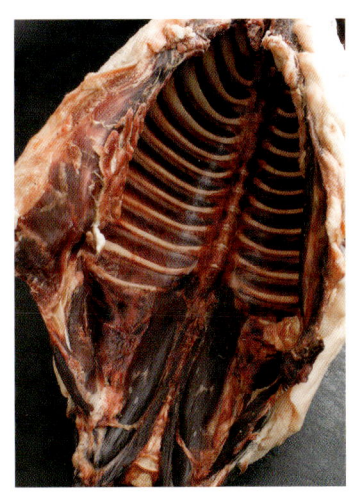

腹のなかも乾いている。

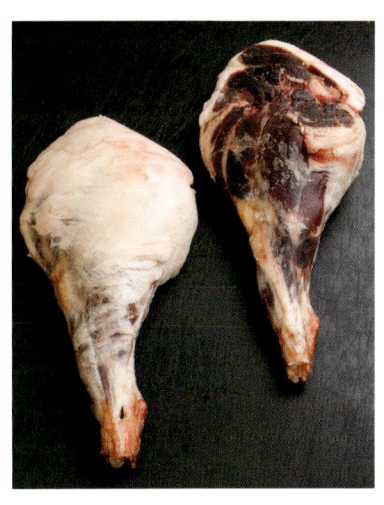

モモ（骨付き）。モモは通常骨を抜いた状態で流通する。

イノシシの種類

イノシシ(仏名サングリエ。ウリボウはマルカッサン)の脂は味がよいことで知られるが、寒い時期、とりわけ12月のイノシシ肉は赤身が鮮やかで白い脂が厚くのっていて上物だ。赤身の色をボタンの花の色に見立てて、ボタン肉と呼ぶこともある。

わが国に生息するのは、ニホンイノシシとリュウキュウイノシシの2種類で、ニホンイノシシは宮城県以南に、リュウキュウイノシシは沖縄本島、奄美諸島、八重山諸島などに分布する。ニホンイノシシ(以下イノシシ)の成体は、100kgを超える大きさになり、最大200kgを超えるものもあるという。それに比べてリュウキュウイノシシは小型で、最大でも70kgほど。生息数も少ない。ともにオスには牙が生えている。

イノシシはシカとほぼ同じエリアに生息している。警戒心が強いため、昼間はあまり活動しない。雑食だがおもに野山の木の実やタケノコ、イモや稲などを餌とする。シカとは異なり、群れをつくらず、単体あるいは親子の単位で暮らしている。

イノシシの名産地

京都・丹波や岐阜・郡上八幡、南アルプスはイノシシの名産地。このあたりのイノシシは、晩秋になると赤身にもうっすらと白いサシが入ってくる。良質の餌(クリやタケノコ)と寒冷な気候が良質の肉を育ててくれるのだろう。

ちなみにイノシシの肉の色は、地方によって若干違いがある。赤が濃いのは関東地方で、脂身はどっしりと重め。関西方面の肉はピンクがかった紅色で、脂は香りがよく、加熱すると花のつぼみの香りがする。

イノシシの1年

オスは11月15日〜12月上旬、メスは11月15日〜年明けまでが食べ頃となる。オスは12〜1月に発情期に入るため、ホルモンバランスがくずれて肉が臭くなってくる。

4〜5月に好物のタケノコを食べすぎたイノシシはお腹を下すため、5〜6月になると肉は赤色がやや淡くなってピンク色がかってきて、脂身はゆるゆるにゆるんでくる。

メスは4〜6月に出産するため、出産直後はやせている。

暑い夏になると、イノシシの肉は豚肉と同じような淡い色になって肉質がダレてくる。このため夏のイノシシは、おもに加工品の材料として利用している。

捕獲方法

イノシシは農作物に甚大な被害を及ぼすため、有害駆除対象となっており、猟期(11月15日〜翌2月15日)以外でも禁猟区外では通年捕獲することができる。

狩猟は銃器による捕獲と、箱わなによる生態捕獲。イノシシの鼻先の力は非常に強く獰猛なので、ライフルで撃つときは、頭を狙い、一発で仕留めることが重要だ。手負いのイノシシは凶暴になるので、たいへん危険である。

箱わな猟は、イノシシの通り道に檻を仕掛けて捕獲する狩猟方法だ。

イノシシは獰猛ではあるが、反面臆病でもあるので、檻の前後の扉を開けたまま何日間かそのままおいて、なかを通り抜けても危険がないことを覚え込ませる。

安心して通り抜けるようになったら、なかに餌を入れておびき寄せ、檻の前後の扉が閉まるよう仕掛けて捕獲する。

イノシシは臆病で、わなにかかってから長時間放置すると、ストレスで肉や内臓が豚のように真っ白くなってしまうので、捕獲したら早めに頸動脈を切って放血し、内臓を抜く。糞尿管の処理が適切でないと、肉ににおいがついてしまうので要注意だ。捕獲後の作業は銃器による捕獲も同様となる。

処理場に運んだら、風呂のような水槽に入れて2時間ほど流水にさらしてブラシで泥を洗い落とし、2日間ほど冷蔵庫で乾かす。イノシシは泥田場(ぬたば)で転がり回る(ぬたうち)のを好むため、その土地の土壌の香りが肉につくと言われる。この土のにおいをしっかり落とすことがポイントだ。

皮下脂肪が固まったら、毛と皮をひいていく。ダニなどもついているため、皮下脂肪に生えている毛根ごと、均等に弓形のナイフで削ぎ落としていく。ロースの脂にキズをつけないように削ぎ取らなければならないので、皮をひくこの作業が一番むずかしい。

イノシシの選び方

　イノシシの善し悪しの判断はおおむね大きさで決まる。70kgくらいまでは、大きいほど高値になる。国内で流通している国産イノシシのオスならば1頭40〜60kg、メスならば60〜80kgのサイズの肉が美味で使いやすい。100kgを超えると脂がごわついて、肉もかたくなってくる。逆に20kgほどの小型では脂がとても薄い。

　輸入物は大きくなるとクセが強くなるので、1頭20〜30kgの小型のほうがいいだろう。

　いずれにしても肉の香りがよく、脂が分厚いものを選びたい。

［ハンターの仕事］

① 首を落として逆さに吊るして血を抜く。
↓
② 腹を割き、心臓と内臓をはずして、血がウデに回らないように処理する。
＊内臓をはずすときに、肛門までつながっている糞尿の管を傷つけないようにするのがポイント。
↓
③ 流水で洗浄して、汚れとダニをしっかり落とす。
＊イノシシは泥田場で遊ぶのが好きなので、背中がかたくなり、生臭さと土臭さがつくのでよく洗うことが大事。
↓
④ 剥皮する。
↓
⑤ 流水で洗浄して、においを落とす。
↓
⑥ 肉を落ち着かせる。
＊数日間冷蔵庫に吊るす。
↓
⑦ 注文にしたがって解体する。
＊なるべく肉に熱を与えたくないので、チェーンソーは使用しないほうがいい。
↓
⑧ 真空パック（真空99％）に入れて配送。

カテゴリー：大型の獣

猪 ／ イノシシ ／ Sanglier ／ Marcassin（仏）

◎産地（生息分布）
ニホンイノシシは宮城県以南の日本各地。リュウキュウイノシシは琉球諸島のみに生息。ともに水場を好む。

◎猟期
11月15日〜翌2月15日。有害駆除対象地域では通年。

◎肉の特徴
脂の味と香りがよい。口のなかで溶けるが、歯応えは残るのが脂の特徴。
肉は赤身。凝縮感としっとり感があって、ナッツの香りがする。

◎オスとメスの味の特徴
オス：赤身の肉が大味で少しかたい。脂がややゴワつき、肉との食感、食味のバランスがよくない。
メス：赤身の肉はきめが細かく、しっとりとしている。白い脂身に透明感があり肉とのバランスもよい。

◎季節ごとの味の特徴
11月15日〜12月中旬にかけてがオス、メスともに一番いい時期。12月下旬〜翌1月は発情期となり、肉ににおいがついてしまうので、この時期は避けたい。5〜6月は肉がゆるむ。夏は肉の色が豚肉と同じような淡い色になって、肉質がダレてくる。

◎仕入れ
ロース（骨付き、骨抜き）、モモ（骨抜き）、バラ（骨付き、骨抜き）で流通（真空パック）。ハンターからサドルで仕入れることも可能（チルド）。

◎おもな使用部位
ロース、モモ、ウデ（前脚）、バラ。

◎熟成方法
温度0℃、湿度0％の熟成庫に2〜3日間おいて全体の水分をバランスよく飛ばす。その後温度2℃、湿度40〜45％に移し、30日間熟成させる。2週間たったら、熟成度合いを確認するとよい。

◎適した料理
ロース：ロティール、グリエ、煮込み、スモーク。
ウデ・モモ：サラミ、生ハム、パテ、ソーセージ、その他加工品。
バラ：煮込み、リエット。

◎合うソース・コンディマン
フルーティな香りの軽いソースよりも、ボディのある赤ワインでつくった濃厚なソース。日本酒のソースも合う。
脂の特性を生かすために、ジャムやコンフィチュールやピュレなどを合わせてもよい。アニスや黒コショウなどのスパイスも合う。

[店での解体]
ロースとバラを切り分ける

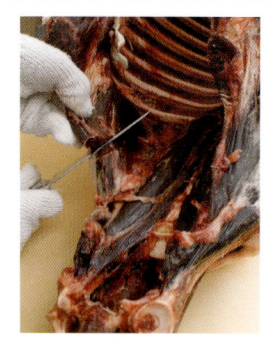

1 バラとロースの境目あたりに、尾のほうから包丁で切り目を入れる。

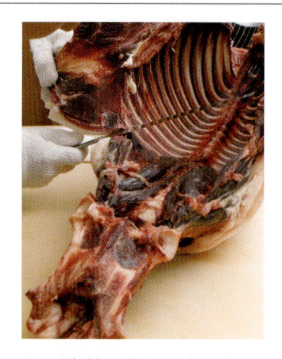

2 肋骨に当たるまで切ったら、ノコギリに持ちかえる。これから切り進める位置を確認するために、ナイフで浅く線をつける。

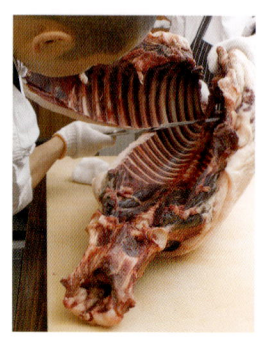

3 ロースの形がきれいに残るように、肋骨の半分あたりをノコギリで切り進める。

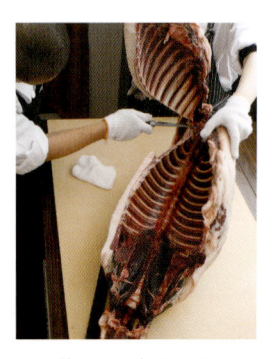

4 首のつけ根まで切ってバラをはずす。

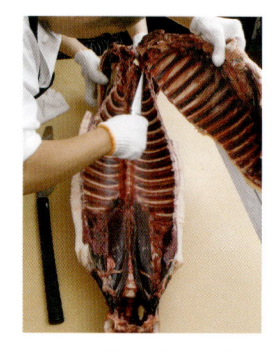

5 反対側のバラも同様に切りはずす。

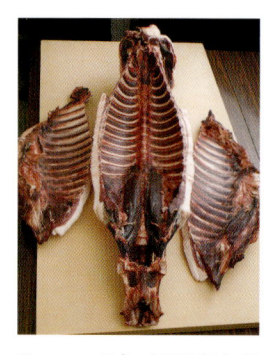

6 ロースとバラに切り分けたイノシシ。

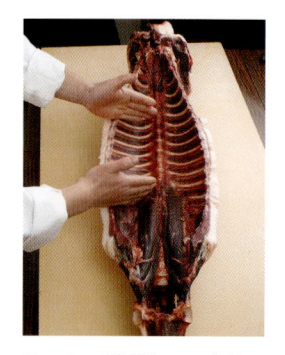

7 この間(背ロース)が一番高価な部分。

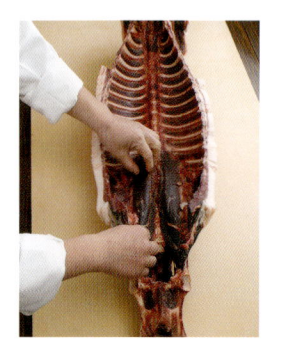

8 ヒレ。

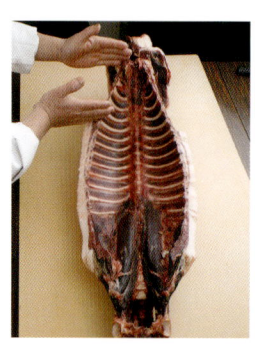

9 この部分が肩ロース。

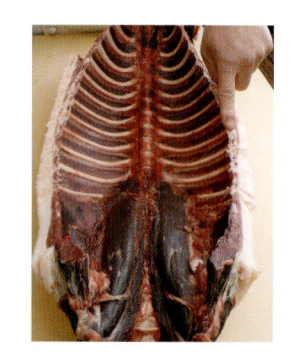

10 バラの端を少しつけておくと、料理にしたときに見栄えがする。

ヒレをはずす

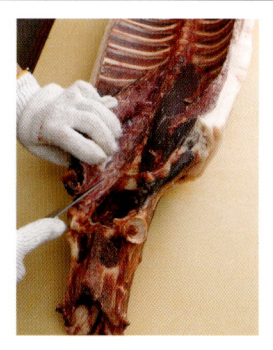

11 背骨に沿って包丁の切っ先を入れてはずす。最後は筋膜を切ってヒレをはずす。

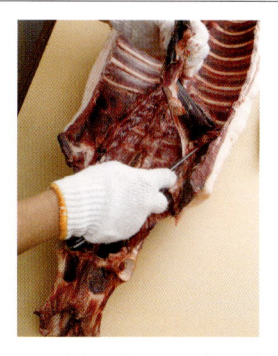

12 もう一方のヒレもはずす。肉を傷つけないように注意する。

13 ロースとロースからはずしたヒレ。すでに10日間熟成しているのでヒレの部分はこのまま使える。

ロースをはずす

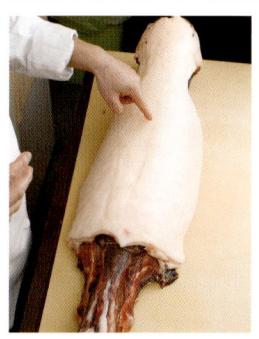

14 背を上に向ける。少しくぼんだ内側が背骨。ナイフを入れる位置を確認する。

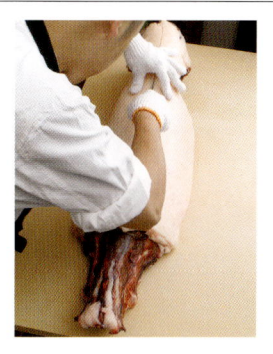

15 背骨の上に浅くナイフで切り目を1本入れる。首のほうから下まで入れる。

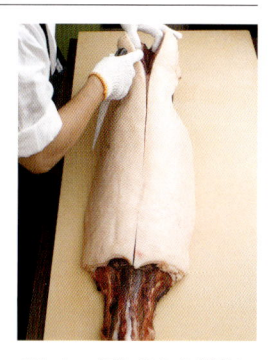

16 この切り目から背骨に当たるまでナイフを深く入れる。

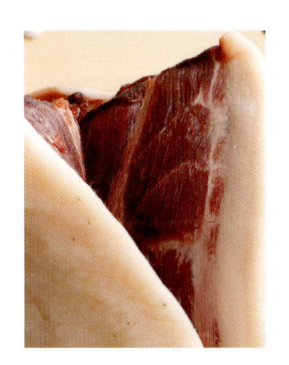

17 うっすらと霜がかかったようにサシが入っているとよい。ナイフを入れると、脂と肉がとろっと溶ける感じ。赤身が黒ずんでいるものはできれば避けたい。

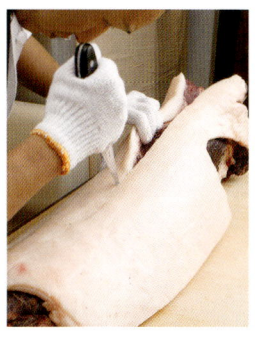

18 背骨に沿って、ナイフを入れる。肋骨のつけ根に当たるまで深く切る。

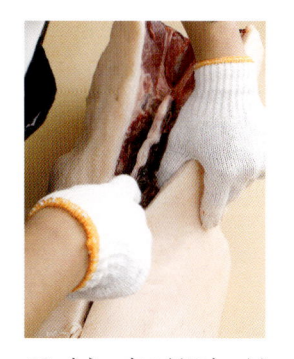

19 もう一方の側にも、同じ要領でナイフを入れて背骨の両側を切りはずす。

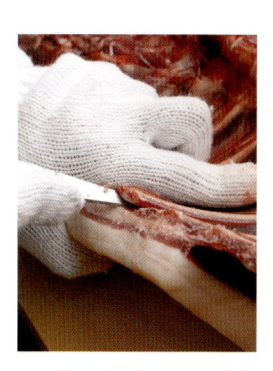

20 肋骨の下にナイフを入れて、端をはずす。

87　第3章　獣　イノシシ

21 テンダーを使って肋骨をはずす。端にテンダーの輪の部分をかける。

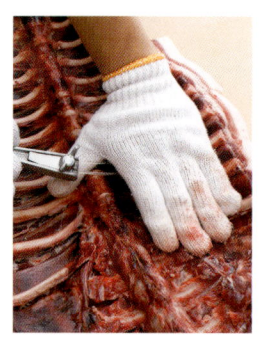

22 肋骨を押さえて、テンダーを手前に引き、骨をはずす。

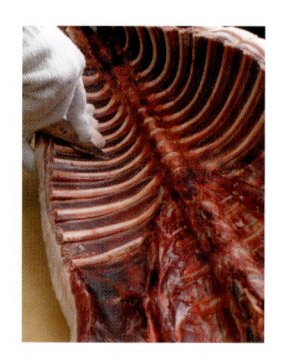

23 テンダーがない場合はナイフではずす。まず肋骨の両側にナイフを入れる。

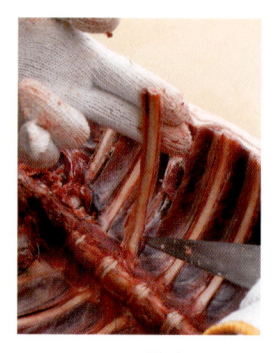

24 ナイフで肋骨をはずす。

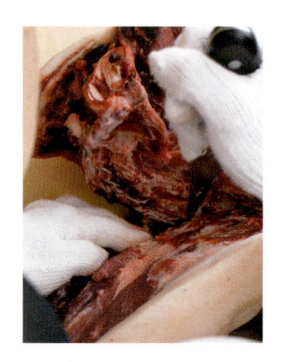

25 背を上にして、鎖骨に沿ってナイフを入れて肉をはずす。このようにロースをはずすと、肉に熱が回らない。

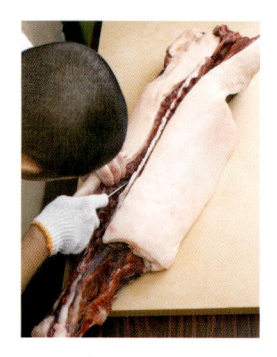

26 片身のロースをていねいにはずす。

27 はずした状態。もう片側の半身も同様に切りはずす。

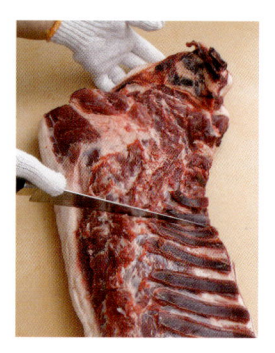

28 肋骨4〜5本のところで切る。上の部位は肩ロース。下の部位は背ロース。

バラをはずす

29 肋骨4本目で切り分ける。

30 肩の部分（ウデがついていたところ）を切る。

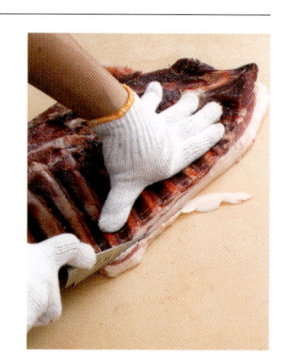

31 きれいに成形する。

32 肋骨の端をはずす。

33 テンダーで肋骨をすべてはずす。

34 背骨と肋骨を切りはずす。

35 バラ。

モモの骨をはずす

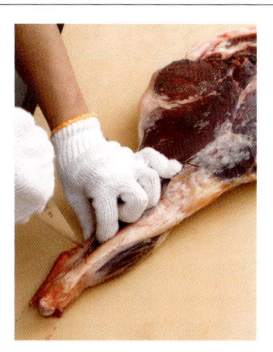

36 まずスネ骨（脛骨）をはずす。モモの内側を上に向けて、アキレス腱を切る。

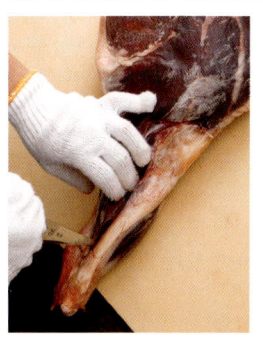

37 スネ骨に沿ってナイフを入れて切る。

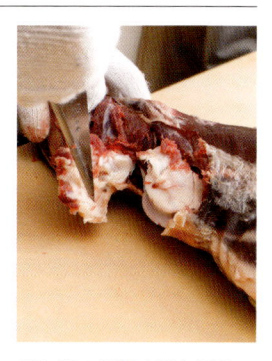

38 膝の関節を断ち切る。

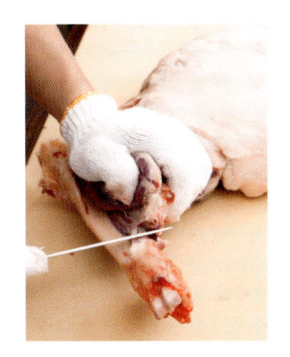

39 モモの外側を上にして、切ったアキレス腱の端からナイフを入れてスネ肉をはずしていく。

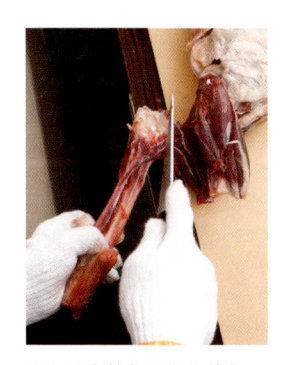

40 スネ骨を切りはずす。

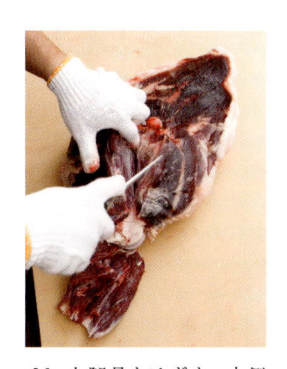

41 大腿骨をはずす。内側を上に向け、大腿骨のつけ根をむき出しにして、骨に沿ってナイフを入れる。

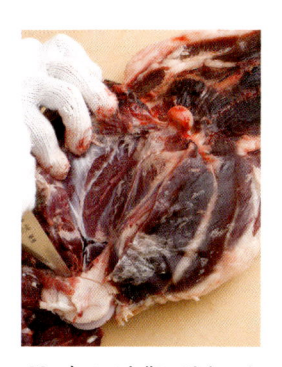

42 内モモを傷つけないように注意して、筋膜に沿って内モモを開く。

89　第3章　獣　イノシシ

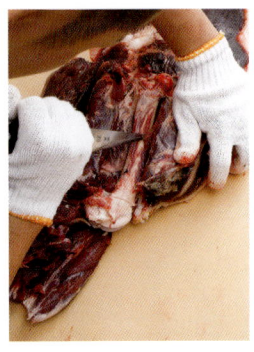

43 大腿骨に沿ってナイフを入れ、外モモの側をはずす。

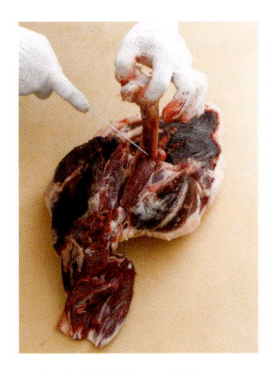

44 大腿骨をはずす。

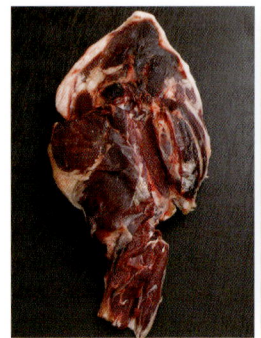

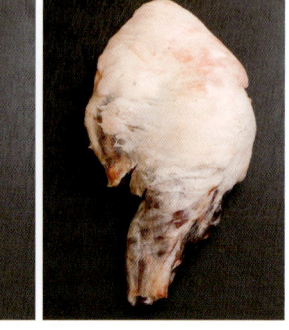

45 通常、スネ骨と大腿骨を抜いた、この状態で流通している。

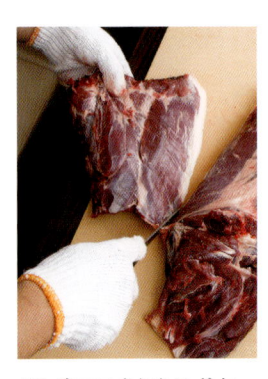

46 内モモを切りはずす。

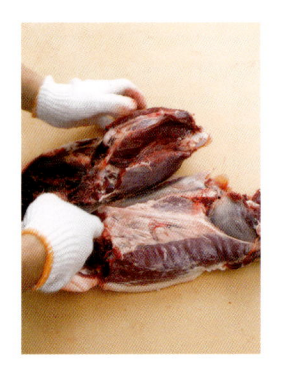

47 筋膜に沿って外モモを開いて、切りはずしていく。

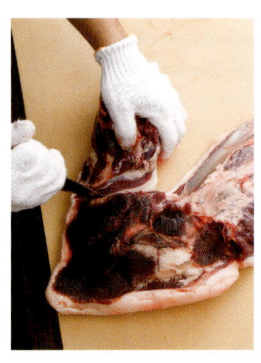

48 写真のように切り取る。

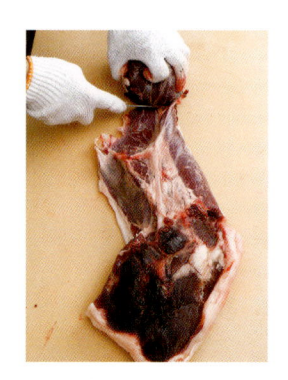

49 関節の跡あたりにナイフを入れて、スネ肉を切りはずす。

50 内モモの芯の部分を筋膜に沿って切りはずす。

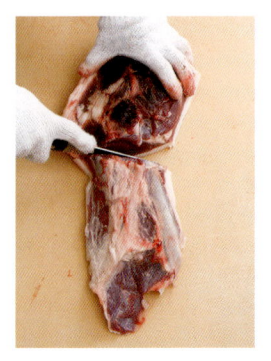

51 ランイチ（ランプとイチボ）を切りはずす。

部位ごとに切り分けたモモ。
上段ランイチ。
中段左から
内モモ（外側）、
内モモ芯、
内モモ（内側）、
外モモ。
下段スネ。

ロース。

肩ロース。

ヒレ。

バラ。

ウデ。これは加工用。

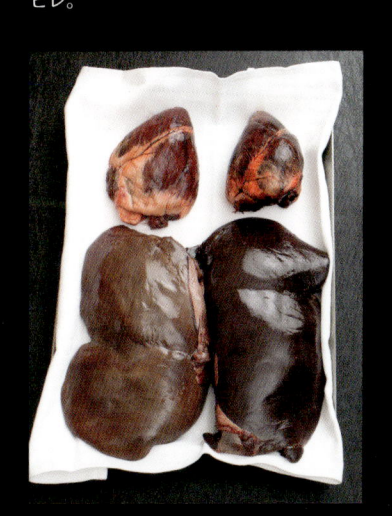

右側が健康なレバーと心臓。

大型の獣

熊 :クマ

2週間熟成させたツキノワグマの内モモ。クマは筋繊維が粗いので、比較的キメの細かいモモの内側がよい。写真はまだ熟成が足りない。ベストな状態になると、脂がもっと黄ばんで、肉が黒ずんでくる。

日本のクマ

　口のなかで柔らかく溶けていく脂の風味を楽しむクマ。大きな体の大半は脂である。捕獲がむずかしいため、肉は高値で取引きされる。

　日本に生息するクマはヒグマとツキノワグマの2種である。北海道、東北、中部、北陸地方の山中に生息する夜行性の動物で、12月中旬から4月まで冬眠をする。

　雑食で何でも食べるのだが、冬眠前には大量に食べ込んで冬に備え、目覚めるとお腹のなかをきれいにするためにブナの実を食べて意図的にお腹を下すという、非常に賢い一面もある。

高価なクマ肉

　ライフル銃で捕獲するが、その肉は非常に高価（8,000～1万円/1kg）。ツキノワグマの内臓は薬の原料となるため、自由に売買はできないという制約もある。

　肉は赤身でスジ張っているので、熟成が必要となる。脂の水分を抜いて、肉を落ち着かせるために最低30日間は熟成させたい。

　とくにヒグマの肉はかたいので、50～60kgほどの子グマかメスを選んだほうがよい。肉の香りもいいし、脂も旨い。

　ツキノワグマも同様で、子グマのほうが味がいい。比較すると、ヒグマよりもツキノワグマのほうが味は勝る。

[ハンターの仕事]

① 箱わなで捕獲。
↓
② ライフル銃で撃つ。
↓
③ 頸動脈を切って放血する。
↓
④ すぐに内臓を抜いて剥皮。
↓
⑤ 冷却する。
↓
⑥ 解体して出荷する。

カテゴリー：大型の獣

熊 ／ クマ ／ Ours（仏）

◎産地（生息分布）
北海道（ヒグマ）、東北（秋田・岩手／ツキノワグマ）、中部（長野、新潟、岐阜）、北陸（石川、富山）の山中。

◎猟期
11月15日～翌2月15日。有害駆除対象地域では通年。

◎肉の特徴
ほとんどが脂。柔らかくて口のなかで溶けやすい。肉は赤身でケモノ臭がある。
体が大きくなるほど肉はスジ張ってくる。体温が高いので肉が落ち着くまで時間がかかる。

◎性別による味の特徴
オスよりもメスや子グマ（50～60kg）のほうが肉の香りがよく、脂も旨い。

◎季節ごとの味の特徴
冬眠に入る前が脂がのって旨い。目覚めた直後はやせているが、その後猛烈な勢いで食べるので、5～6月頃になるとまた脂がのってくる。この時期は餌を得るために動き回るため、捕獲しやすい。

◎仕入れ
高価なので、部位ごとに仕入れたほうがいい。

◎おもな使用部位
ロース、モモ。

◎熟成方法
真空パックにかけて氷詰めにして10～14日間冷やす。パックはずして乾かしたら、すぐに使う。肉の発酵温度が非常に高いため、冷蔵庫で保存するとかなりの確率で腐敗してしまう。
もしくは温度0℃、湿度0%の熟成庫で5日間冷ます。この段階でかなり肉から水分が抜けて肉が落ち着いてくる。その後温度0℃～1℃、湿度40%の熟成庫に移し、30日間熟成させる。

◎適した料理
非加熱のハム。ロティール、グリエ、煮込みに。あるいはしゃぶしゃぶもよい。きちんとスジをはずして用いること。ケモノ臭が強いので、パテには合わない。

◎合うソース・コンディマン
塩、コショウで焼くのもいいが、単調になるので、くせのある赤ワインやブランデー、コニャックを使ったソース、ラケソース（あるいはハチミツ）も。肉のクセを抑えるのがポイント。クローブ、ジュニエーブル、黒コショウもよい。

小型の獣

野兎：ノウサギ

狩猟日より3日たったノウサギのメス。千葉県産。ノウサギの狩猟では、猟犬に耳を食べさせて獲物の味を覚えさせるために、その場で切り落とすという。頭に散弾銃を命中させることがポイント。

ノウサギの生態

日本各地の森林や草原に生息する。モグラが出没するところにはノウサギ（仏名リエーヴル）もよく出ると言われるように、畑などでもよく見かける。

体色は茶色の毛並みで腹部が白い。東北地方や日本海側の雪国のノウサギは、冬になると毛が生え変わり、保護色の白毛になる。それ以外の地域では色は変わらず茶色の毛が生え変わる。

草食のノウサギは脂がのりにくいうえ、餌が少なく、住みづらい環境になっているため、非常にやせている。

血の香りを生かす

猟期の11月15日から翌2月15日までが旬で、この時期には血の香りが格段によくなる。ノウサギは血液と血の香りを生かした料理が多い。肉も血の香りがする赤身肉である。血液量が多いのでガスが発生しやすいため、内臓を抜く処理をしてしまう猟師がいるが、これでは大切な血が抜けてしまう。血が抜けないよう必ず内臓付きのままお腹に氷を当てて送ってもらうといいだろう。

関東地方では、おもに犬を使ってノウサギを追い、散弾銃で捕獲する。犬に味を覚えさせるために、ノウサギの耳を落として与えるという。またネズミ捕りのような「とらばさみ」というわなにかかることもある。

北海道のエゾユキウサギ

北海道にはエゾユキウサギという種類のウサギが生息するが、これは体長50cm、体重2kg以上になる大型のウサギだ。北海道で育ったシカやウサギは、本州のものよりも格段に体が大きい。

吹雪のあと、エゾユキウサギが出てくるのを狙って散弾銃で撃つ。脂がしっかりついて、とても味がよいが、天敵のキツネが増えたことでその数は減っており、最近では腕利きの猟師でも1年に数羽しか獲れないという。

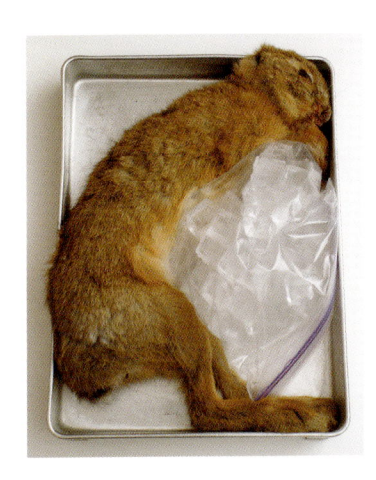

お腹に氷を当てて、冷蔵庫に入れると日持ちする。氷を当てないと、腹の内部からガスが発生してしまう。

カテゴリー：小型の獣

野兎 ／ ノウサギ ／ Lièvre（仏）

◎産地（生息分布））
北海道と沖縄を除く日本全土の草原や森林、畑に生息。

◎猟期
11月15日〜翌2月15日。
10月15日〜12月15日（アルザス）。

◎肉の特徴
血の香りがする赤身肉。

◎性別による味の特徴
大きさ、外観は変わらないが、オスは多少かたく、メスの筋繊維は細くてしっとりとしている。メスのほうが美味。

◎季節ごとの味の特徴
脂はあまりのらないが、猟期に入ると血の香りがよくなる。

◎仕入れ
毛付き、内臓付き。血液を料理に使いたいので内臓は抜かず、腹部に氷を当てて送ってもらう。

◎おもな使用部位
歩留まりが悪いので、丸で使ったほうがいい。
エゾユキウサギは背ロース、モモ肉。

◎熟成方法
体温が下がったら、腹部に氷を当てて冷蔵庫で3日間おく。毛をはぎ、内臓を分ける。血の香りが消えないよう、洗わずにふくのみ。乾かないように布で巻いて、1℃の冷蔵庫で10日間熟成する。

◎適した料理
腹から1枚に開いてファルスを巻いてロティール。煮込み。

◎合うソース・コンディマン
血のソース。ジュニエーブルやフォアグラも合う。

皮をはぐ（デプリエ）

1 アキレス腱あたりの皮にナイフを入れてくるりと一周切る（両脚とも同様）。

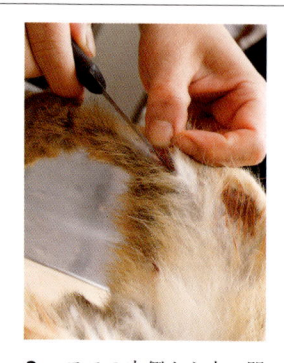

2 モモの内側から皮の間に逆さ包丁を入れる。2本のスネ骨の間に沿って切り進める。

3 股関節まで皮を切って開く。両脚とも同様に皮を切る。

4 内モモから尻まで皮をむき、尾の周りをはずす。

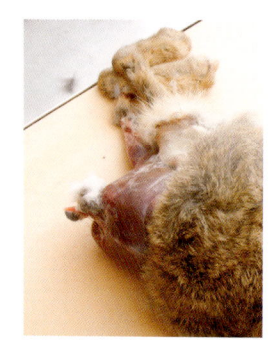

5 肛門の周りをはずす。オスの場合、精巣のにおいがついてしまうので、睾丸を傷つけないように注意。

6 尻のほうから引っ張って皮を剥ぐ。

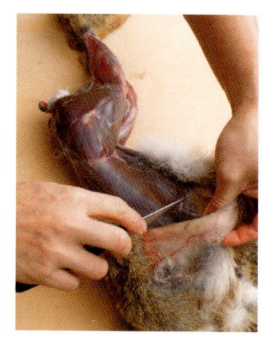

7 ナイフの先で皮と筋膜をはずしながら皮を剥いでいく。

8 腹側は肉が薄いので、破れないように注意する。

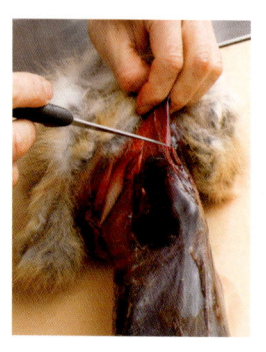

9 散弾銃が打ち込まれている心臓の上の部分が赤くうっ血している。破らないように注意。

10 腰をしっかり持って一気にはぎ取る。

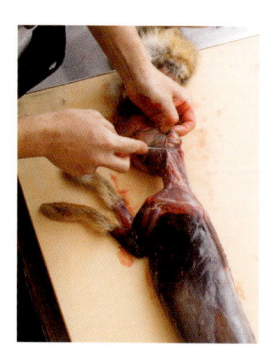

11 ウデと顔の皮を剥ぐ。耳をつけ根から切る。

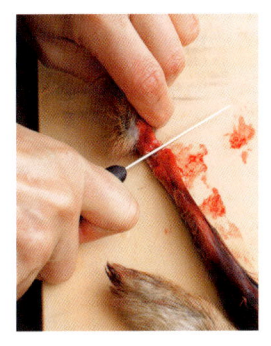

12 前脚、後ろ脚を切り落とす。

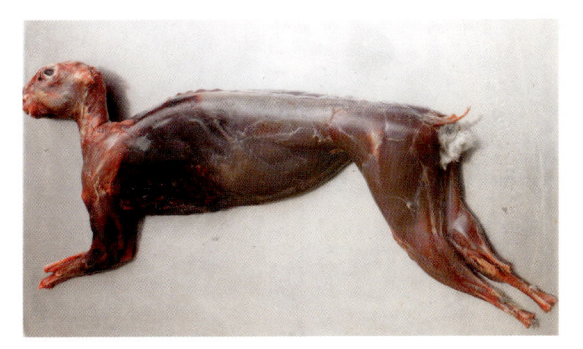

13 皮を剥ぎ取ったノウサギ。

内臓を抜く

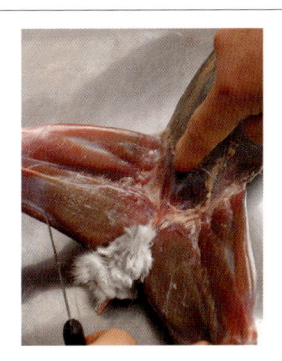

14 ここが尿道。

15 尿道を破らないように逆さ包丁で薄い膜だけを切る。鎖骨のところまで切り進める。

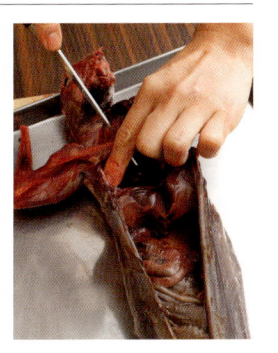

16 鎖骨のV字をナイフで叩いて切って、ノドまで切る。

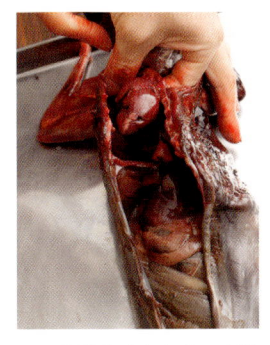

17 内臓を取り出す。心臓を肺（血が多い）とともにはずす。

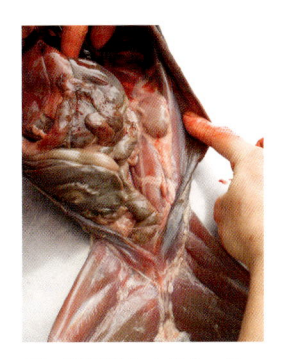

18 横隔膜をはずす。指で示した腎臓から肛門腺（管）がつながっているので、傷つけないように内臓をはずす。

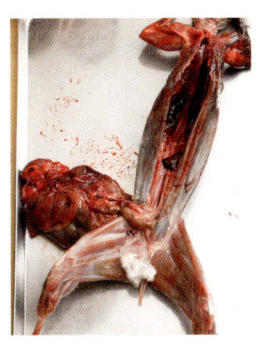

19 内臓を取り出した状態。

20 尾の手前にある肛門腺をはずしていく。

97　第3章　獣　ノウサギ

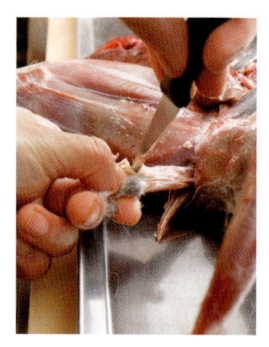

21 加減しながら引っ張る。

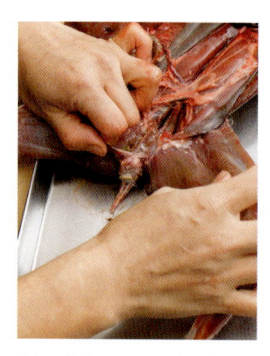

22 腸をつかんで加減しながら肛門腺を抜く。

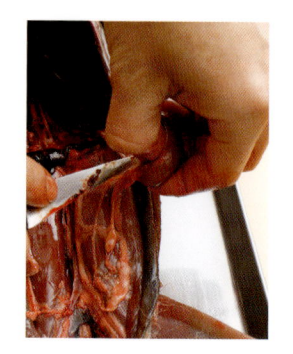

23 腎臓を腹のなかから2個取り出す。腸は切りはずして捨てる。

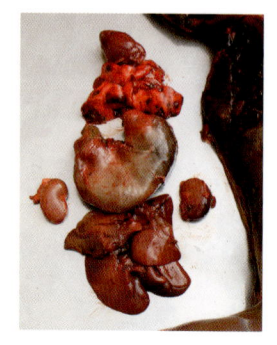

24 取り出した内臓。上から心臓、肺、胃、両側に腎臓、一番下が肝臓（レバー）。

解体

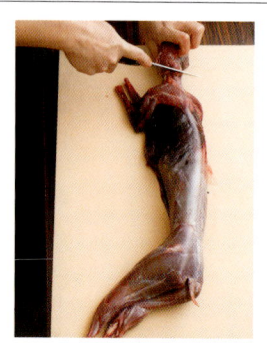

25 頭を切り落とす。

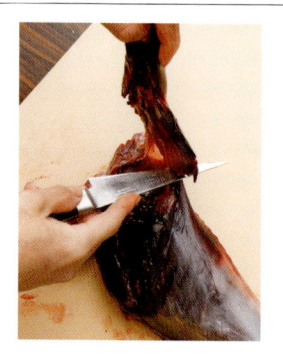

26 前脚（ウデ）をはずす。骨に沿ってナイフを入れてはずす。

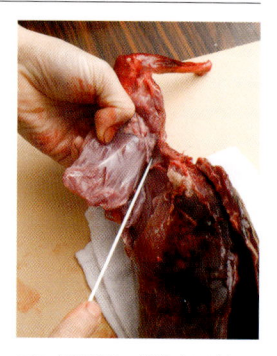

27 反対側の前脚も同様に。

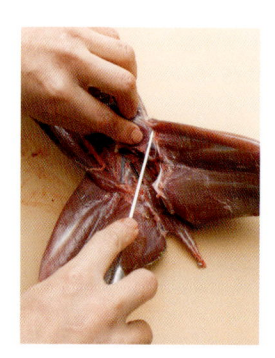

28 モモとバラのつけ根を切って、モモを開く。

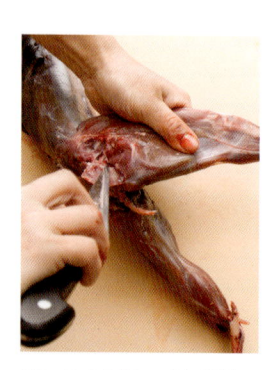

29 モモを開いて大腿骨のつけ根を切る。

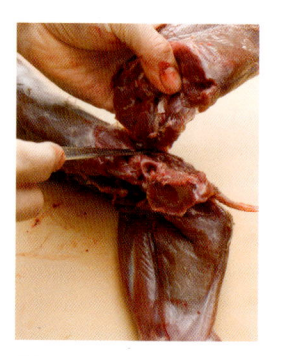

30 ナイフの切っ先を骨盤（座骨）に沿って入れて、モモをはずす。

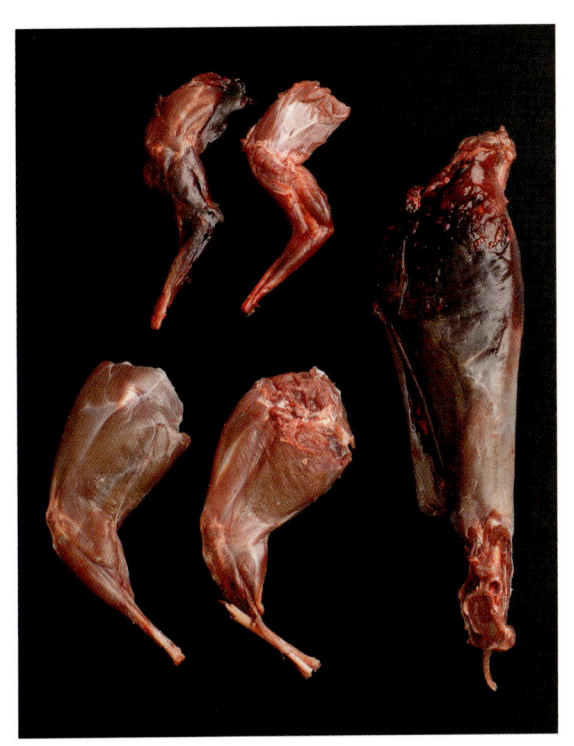

31 解体したウサギ。写真右は胴。左上は前脚(ウデ)2本、左下はモモ2本。

頭を割る

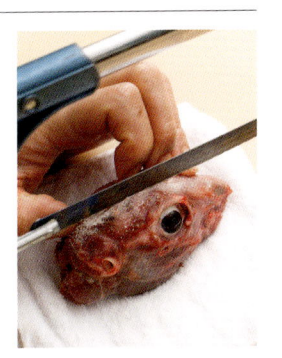

32 下にぬれ布巾をしいて、頭のセンターに切り目を入れて骨だけを切る。

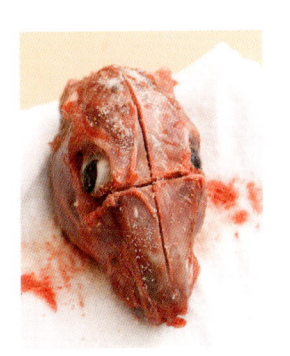

33 切り目を入れたウサギの頭。

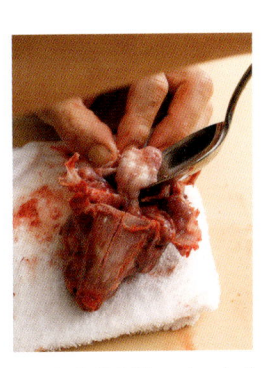

34 切り目を開いて、スプーンを使って傷つけないように脳を取り出す。

35 脳はフランやポワレにする。目を取り除いて、頭はだしに使う。

手軽な熟成方法
（低温熟成）

レストランに大型の熟成庫を設置するのはむずかしいが、この方法ならば冷蔵庫さえあれば小さなビストロでも手軽に熟成ができる。真空包装機がない場合は、ジップロックなどの密閉袋から、ぴっちり空気を抜いて密閉して代用してもよい。

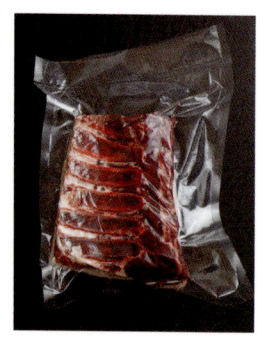

1 肉を真空包装機にかける。

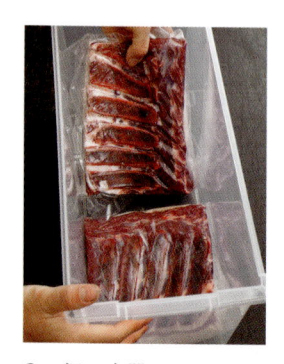

2 深い容器にパックした肉を入れる。

3 氷を入れる。

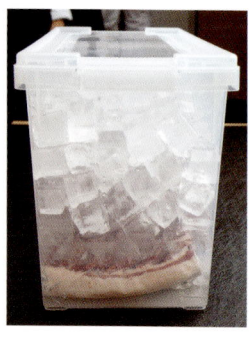

4 上まで氷を詰めて蓋をする。

5 容器を冷蔵庫に入れて7日間熟成する。氷が溶けたら途中で水を捨てて新しい氷を入れる。

6 7日間熟成したイノシシ(左)とエゾシカ(右)。

7 網バットに入れ、ドリップが肉に直接触れないようにして、冷蔵庫に半日ほど入れて表面を乾かす。イノシシもエゾシカも同様に。

8 イノシシ(左)とエゾシカ(右)。熟成を経て、脂身は真っ白く、赤身はぎゅっと締まった。

第4章
ジビエ料理

ジビエのシャルキュトリ

ジビエの料理

ジビエのシャルキュトリ

ジビエをあますところなく使い尽くすために、有効的な利用法の一つがシャルキュトリである。ここではシカとイノシシを使った"サラミ"と"モルタデッラ"についてプロセス写真を使って手順を紹介する。料理に使えない端肉や、かたい部位などを上手に利用して、価値ある商品を生み出すことができる有効な手段である。

道具と材料

スタッファー（油圧式）
ケーシングに肉を詰めるための機械。油圧式で10ℓの肉を一度に処理できる。スイッチを足で押して肉を詰める。ノズル（右写真）の太さは何種類かあり、用途に応じて使い分ける。

ミンサー
肉をミンチ状にする機械。シカやイノシシの肉は、レストラン用のミートチョッパーを使うと、肉が引きちぎれてしまい、口当たりが悪くなるので、よく切れるミンサーが欠かせない。

サイレンサー
容量25ℓの大型のフードプロセッサー。大量の肉をなめらかに混ぜ合わせることができる。

豚腸
あらかじめ塩をまぶしてあるニュージーランド産の豚腸。プラスチックの管に通してある。さっとぬるま湯で洗ってから使用する。冷蔵庫で1ヵ月日持ち可能。冷凍も可能だが、破れやすくなるので注意。中国産は破れやすい。

人工ケーシング
コラーゲンやプラスチック、セルロースなどでつくったケーシング。用途に応じていろいろな太さを選択できる。

ホグリングと針
ソーセージなどの端をとめるための道具。レストランならばタコ糸で充分間に合う。

ものさしとタコ糸
ソーセージの長さを計るものさしと、つなぎ目を結わくタコ糸。

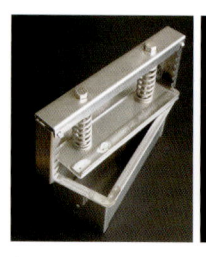

角ボンレス型
外モモの肉を直接詰めるタイプ（写真左）と、ケーシングに詰めて使うタイプ（写真右）がある。

ボンレス型

鹿肉と白無花果のサラミ

サラミのなかに、ドライイチジクを加え、プチプチした食感を与えた。野生肉のマリネは必ず一晩冷蔵して肉を落ち着かせることがポイント。

材料(30本分)
エゾシカモモ肉(10日間熟成)　2000g
豚背脂　500g
白イチジク(ドライ)　300g
A
　食塩　82.5g
　酸化防止剤(ビタミンC)＊　25g
　発色剤(亜硝酸Na)　0.1g
黒コショウ　5g
キャトルエピス　2.5g

＊劣化防止のために加える。

1　シカ肉と豚背脂をミンサーに入る大きさに切って、Aをまぶし、一晩冷蔵庫でやすませる。

2　2.5mmメッシュで1を挽く。

3　メッシュを3mmにかえ、白イチジクを挽く。

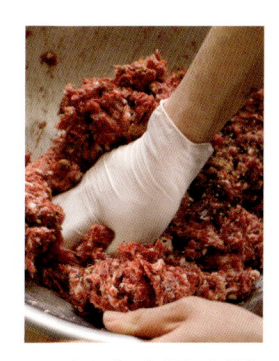

4　イチジクを練りすぎないよう均等に混ぜる。麺棒で粗く潰した黒コショウとキャトルエピスを加える。

5 豚腸から管を抜いて、ぬるま湯でさっと洗う。

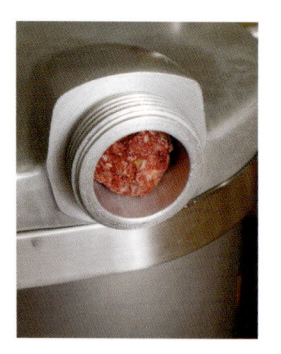

6 4の肉をスタッファーに詰め、ここまで肉を押し出し、ノズルをつける。

7 豚腸をしごきながらスタッファーのノズルにはめる。

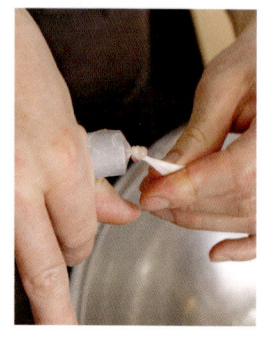

8 先をしっかりしばって、足で押しながら肉を詰める。

9 長めにつくる。ねじるので腸の張り方は8割程度がよい。

10 針を刺して空気を抜いておく。

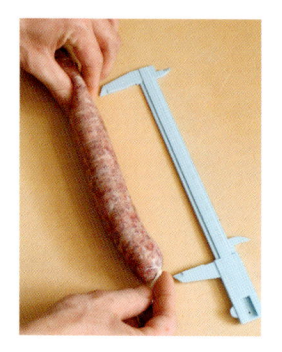

11 ものさしで18cmを計り、指で潰してからねじる。次は逆方向にねじる。これをくり返す。

12 端をしばり、しばり目の手前に、吊るす糸をかける。

13 2～3℃の冷蔵庫に吊るして5日間保存したのち、温度14～15℃、湿度40～50％で1ヵ月熟成させる。

14 でき上がったサラミ。

鹿肉のモルタデッラ

フランクフルトと粗挽きの2種の生地でつくるモルタデッラ。季節によって、エゾシカは脂ののり方が違うので、豚背脂の分量で調節するとよい。加熱後の急冷がなめらかに仕上げるポイント。エゾシカ肉の分量をそのままイノシシ肉にかえて同じレシピで同様につくることができる。

材料（2本分／1本2700g）

フランクフルト生地
エゾシカモモ肉（10日間熟成）＊
　2000g
豚背脂　1200g
A
├ 食塩　48g
├ 酸化防止剤（ビタミンC）　24g
├ 発色剤（亜硝酸Na）　0.2g
├ グラニュー糖　8g
├ 白コショウ　6g
├ ナツメグ　4g
└ コリアンダー　4g
リン酸塩＊＊　32g
氷　800g

＊スジっぽい部分でもよい。
＊＊肉を締める効果がある。

粗挽き生地
エゾシカモモ肉（10日間熟成）＊＊＊
　3000g
B
├ 食塩　44g
├ 酸化防止剤（ビタミンC）　10g
├ リン酸塩　30g
├ 発色剤（亜硝酸Na）　0.1g
├ 白コショウ　8g
├ ナツメグ　4g
├ コリアンダー　4g
└ シナモン　4g
グリーンペッパー　75g

＊＊＊繊維が細かい部位を用いる。

※フランクフルト生地、粗挽き生地とも、シカ肉と豚背脂をミンサーに入る大きさに切って、A、Bをまぶし、一晩冷蔵庫でやすませておくこと。野生肉は必ず一晩冷蔵する。

1　粗挽き生地をつくる。3mmのメッシュで粗挽き生地を挽く。

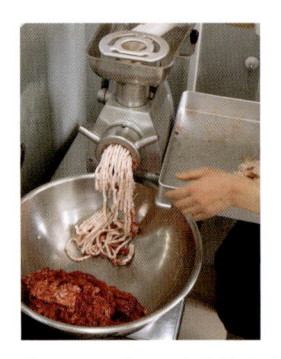

2　フランクフルト生地をつくる。2.5mmのメッシュでマリネしたシカ肉を挽く。次に豚背脂を挽く。背脂から挽くと、刃に脂がついて肉が切れにくくなる。

3　2のシカ肉をサイレンサーに移す。中心のスクリューにかかりやすいように、寄せながら10〜15分間回す。

4　途中で温度を下げるために氷を入れる。

5　なめらかになったら、挽いた豚背脂を入れる。

6　リン酸塩を入れる。コーンスターチでも可。

7　6に1の粗挽き生地を入れて手でざっくり混ぜる。

8　ここにグリーンペッパーを加えて、ざっくり混ぜる。

9　よくのびるビニール製のケーシングの端をタコ糸でしばっておく。

10　肉をスタッファーに詰めて、太いノズルをつけ、空気が混入しないように詰める。

11　端に空気が入りやすいので、しっかり詰める。

12　1本2700gを計りながら詰めて、端をタコ糸でしばる。

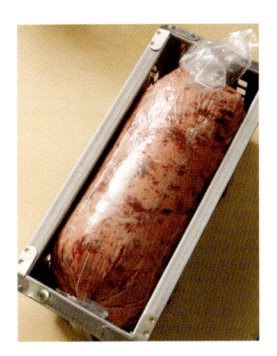

13 角ボンレス型にしっかり詰める。体重をかけて平らにする。

14 留め金をかけて、上からプレスする。

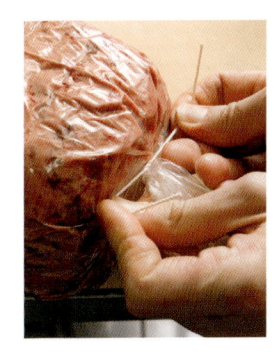

15 一旦取り出して、タコ糸で端をしっかりしばり直して、余分なケーシングを切る。再び型に詰めてプレスする。

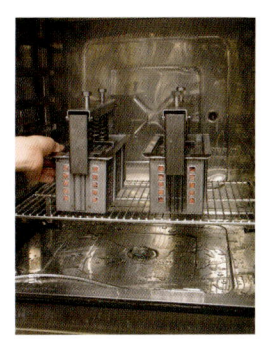

16 85℃のスチームコンベクションオーブン（マルゼン製／スチームモード）で1時間30分加熱する。

17 取り出して氷水で急冷する。一気に固めないと脂が溶け出すため、口溶けが悪くなってしまう。

猪肉とピスタチオナッツのモルタデッラ

＊つくり方は鹿肉のモルタデッラと同じ。

材料（2本分／1本2700g）

フランクフルト生地
イノシシモモ肉（完全熟成一歩手前）
　2000g
豚背脂　1200g
A
　┌ 食塩　48g
　├ 酸化防止剤（ビタミンC）　24g
　├ 発色剤（亜硝酸Na）　0.2g
　├ グラニュー糖　8g
　├ 白コショウ　6g
　├ ナツメグ　4g
　└ コリアンダー　4g
リン酸塩　32g
氷　800g

粗挽き生地
イノシシウデ肉（完全熟成一歩手前）
　3000g
B
　┌ 食塩　44g
　├ 酸化防止剤（ビタミンC）　10g
　├ リン酸塩　30g
　├ 発色剤（亜硝酸Na）　0.1g
　├ 白コショウ　8g
　├ ナツメグ　4g
　├ コリアンダー　4g
　└ シナモン　4g
ピスタチオナッツ　75g

ジビエのモルタデッラ

エゾシカ肉でつくったモルタデッラを厚切りにして、スクランブルエッグを添えた、朝食スタイルの提案。エゾシカをシャルキュトリに利用するならばモルタデッラが一番適している。

材料（1皿分）
鹿肉のモルタデッラ（→p.105）　厚切り1枚

◎スクランブルエッグ
卵　2個
生クリーム　15cc
塩、白コショウ　各適量
無塩バター　15g
黒トリュフ　スライス4枚
シブレット（みじん切り）　5g

◎サラダ
ベビーリーフ　適量
ベルギーチコリ　適量
トレヴィス　適量
ヴィネグレットソース（→p.148）　適量

クロワッサン　1個

スクランブルエッグ
1. 卵を溶きほぐし、生クリーム、塩、コショウを混ぜ合わせる。
2. 鍋にバターを溶かし、1の卵液を入れる。
3. 泡立て器でかき混ぜ、半熟状になったら火からおろす。

サラダ
1. 葉野菜は一口大にちぎり、ヴィネグレットソースで和える。

仕上げ
1. モルタデッラを1cmの厚さに切って皿に盛る。スクランブルエッグを盛り合せ、黒トリュフとシブレットを添える。クロワッサン、サラダとともに提供する。

本州鹿と白無花果のパテ

スジ張ったウデ肉を使うと、粘り気の少ない歯切れのよい食感のパテになる。ここにドライフルーツを加えると、甘さと粒の食感が加わり、とても食べやすくなる。

材料（テリーヌ型2本分）
ホンシュウジカウデ肉（3cm角）　900g
豚肉（3cm角）　900g
豚背脂（3cm角）　80g
ホンシュウジカのレバー（3cm角）　480g
A
├ ポルト酒（ルビー）、赤ワイン　各40cc
├ コニャック　60cc
├ 塩　32g
├ 酸化防止剤　18g
├ 発色剤　0.1g
├ 白コショウ　5.5g
├ キャトルエピス、グラニュー糖　各2.5g
└ 卵　2個
B
├ ニンニク（みじん切り）　28g
├ エシャロット（みじん切り）　130g
├ シカの血　120cc
└ 白イチジク（ドライ）　250g
網脂　適量

◎キャロットラペ（1皿分）
ニンジン（金美・金時／繊切り）　各30g
オレンジ果汁　100ccを1/3に煮詰めたもの
赤ワインヴィネガー、EXVオリーブ油　各10cc
塩、白コショウ　各適量

◎紫キャベツのマリネ（1皿分）
紫キャベツ（繊切り）　50g
赤ワインヴィネガー　25cc
塩　適量
グラニュー糖　6g

コルニション　4本
黒コショウ　適量
フルールドセル、パセリ（みじん切り）　各適量

パテ
1 肉類、背脂、レバーをAで一晩マリネする。
2 1を、ミンサー（6mmメッシュ）で挽く。
3 ここにBを加え、よく混ぜ合わせる。
4 テリーヌ型に網脂をしき、3のファルスを詰める。160℃のスチームコンベクションオーブン（コンビモード）で1時間加熱したのち、型のまま冷ます。

キャロットラペ
1 ニンジンは軽く塩をし、手でよく混ぜてしんなりさせる。1度水で流し、よく水分を絞る。
2 他の材料をすべて混ぜ合わせ、1を和える。

紫キャベツのマリネ
1 小鍋に赤ワインヴィネガー、塩、グラニュー糖を入れ、一煮立ちさせる。
2 熱いうちに紫キャベツを入れ混ぜ合わせて冷ます。

仕上げ
1 パテを1.5cmほどの厚さに切り、黒コショウをふる。皿の中央に盛り、上部にキャロットラペと紫キャベツのマリネを盛り、パセリを散らす。コルニション、フルールドセルを添える。

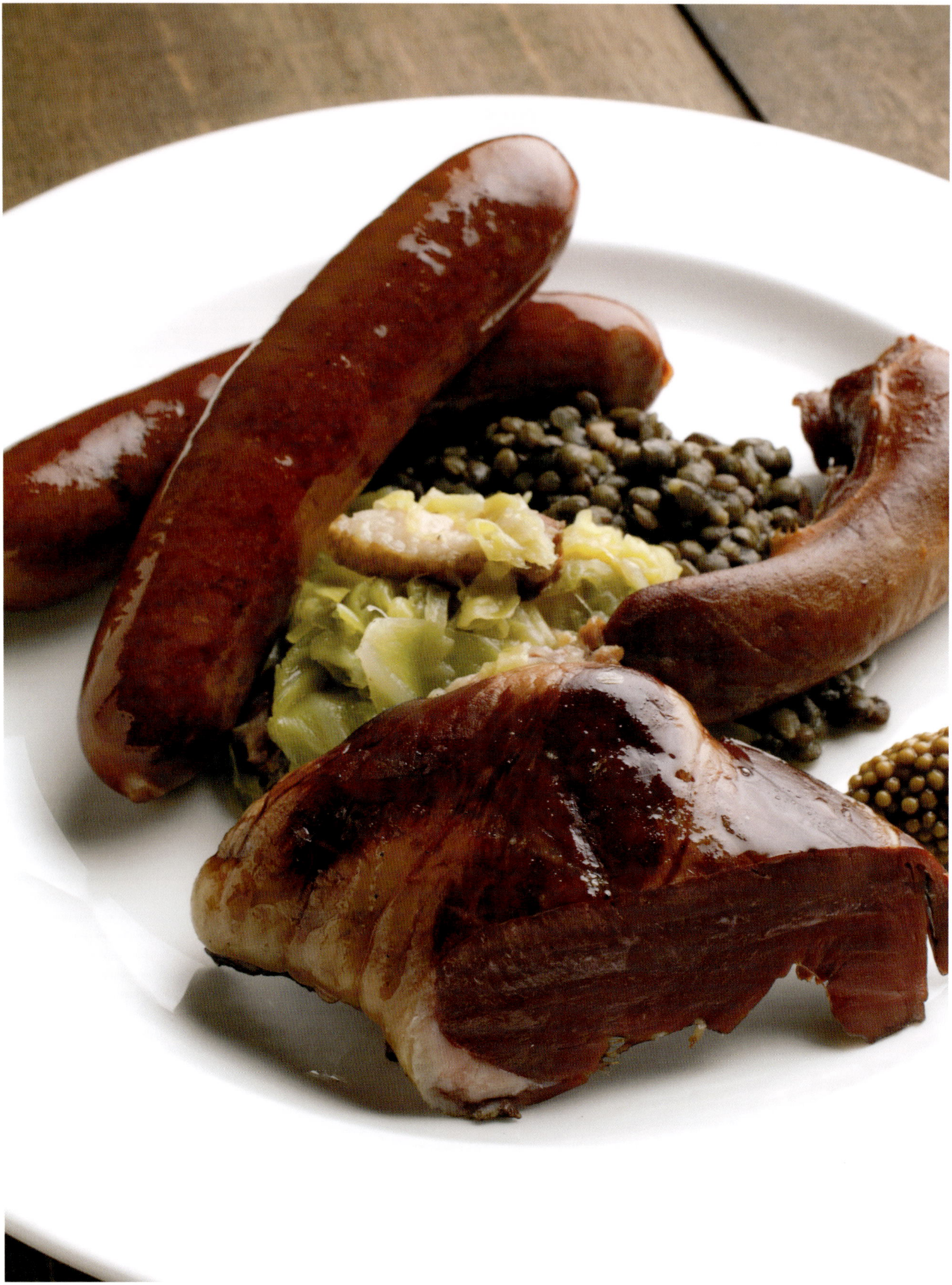

本州鹿のヴァリエ

シカのシャルキュトリーの盛り合わせ。スモークのソミュール液は、一旦冷やしてから添加物を加えることがポイント。また塊肉は必ず加熱して水分を飛ばしてからスモークする。逆の手順では肉がかたくなる。しかしフランクフルトなどの挽き肉はスモークをかけてから加熱するので間違えないように注意する。

材料（1皿分）
◎ハツ・タンのスモーク
ホンシュウジカのハツ　1本
ホンシュウジカのタン　1本
ソミュール液（つくりやすい量）
├ 水　5ℓ
├ 酸化防止剤　37.5g
├ 発色剤　15g
├ 岩塩　375g
├ グラニュー糖　162.5g
└ 香辛料A＊

＊ドライタイム1.75g、ローリエ1g、ジュニエーブル1.5g、黒粒コショウ2.5g、クローブ1g、ニンニク（スライス）17.5g。

◎フランクフルト
ホンシュウジカウデ肉　3kg
豚背脂　1.8kg
氷　1.2kg
B
├ 塩　72g
├ 酸化防止剤　48g
├ 発色剤　0.3g
├ グラニュー糖　12g
├ 白コショウ　9g
└ ナツメグ、コリアンダー　各6g
リン酸　48g

◎キャベツの煮込み
キャベツ　1/4個
ベーコン（拍子木切り）　20g
フォンドヴォライユ（→p.147）　適量
塩、白コショウ、オリーブ油　各適量

◎レンズ豆の煮込み（→p.119）

粒マスタード　適量

ハツ・タンのスモーク

1　ソミュール液をつくる。水1ℓに香辛料Aを入れて火にかけ、10分間沸かす。別鍋に4ℓの水と岩塩、グラニュー糖を入れて沸かす。これにAの水溶液を漉し入れて冷ます。冷めたら酸化防止剤、発色剤を混ぜる。

2　ハツ、タンを掃除して、ソミュール液に3日間浸ける。取り出して水気をふき、65℃のスチームコンベクションオーブン（スチームモード）で、芯温58℃まで温める。

3　スモーカーを50℃に設定し、1時間スモークをかける。

フランクフルト

1　シカ肉と豚背脂は別々にBで一晩マリネする。

2　それぞれミンサー（6mmメッシュ）で挽く。シカ肉に少し粘りが出るまでサイレンサーにかける。

3　粘りが出てきたら氷を4〜5回に分けて加える。よく混ざったら豚背脂を加える。背脂の粒がなくなり、きれいに乳化したらリン酸を加え、さらに混ぜる。

4　スタッファーで豚腸に詰め、15cmの長さにねじってよく乾かす。

5　スモーカーを55℃に設定し1時間スモークをかけ、85℃のスチームコンベクションオーブンで15分間蒸す。

キャベツの煮込み

1　キャベツは一口大にちぎり、水にさらす。水気をきっておく。

2　鍋にオリーブ油を入れ、ベーコンを炒める。香りが出たらキャベツとフォンドヴォライユを入れて軽く混ぜ、蓋をして蒸し煮にする。

3　柔らかくなったら塩、白コショウで味を調える。

仕上げ

1　皿にそれぞれを盛りつける。粒マスタードを添える。

猪とドライトマトのパテ

土のにおいが特徴のイノシシには、甘酸っぱいドライトマトを合わせてみた。この甘酸っぱさがアクセントとなり、万人向けの食べやすい味になる。

材料（テリーヌ型2本分）
イノシシウデ肉（3cm角）　900g
豚肉（3cm角）　900g
豚背脂（3cm角）　80g
イノシシのレバー（3cm角）　480g
A
├ポルト酒（ルビー）、赤ワイン　各40cc
├コニャック　60cc
├塩　32g
├酸化防止剤　18g
├発色剤　0.1g
├白コショウ　5.5g
├キャトルエピス　2.5g
├グラニュー糖　2.5g
└卵　2個
B
├ニンニク（みじん切り）　28g
├エシャロット（みじん切り）　130g
├イノシシの血　120cc
└ドライトマト　350g
網脂　適量

◎インゲンのマリネ
サヤインゲン　10本
エシャロット（みじん切り）　10g
シェリーヴィネガー　5cc
EXVオリーブ油　15cc
塩、白コショウ　各適量

◎ゼンマイのマリネ
ゼンマイ（水で戻し、ゆでこぼす）　50g
ジビエコンソメ（→p.147）　100cc
塩、白コショウ　各適量

ビーツ　1個
コルニション　4本
黒コショウ　適量
フルールドセル　適量

パテ
1　肉類、背脂、レバーをAで一晩マリネする。
2　1を、ミンサー（6mmメッシュ）で挽き、Bを混ぜる。
3　テリーヌ型に網脂をしき、2のファルスを詰める。160℃のスチームコンベクションオーブン（コンビモード）で1時間加熱したのち、型のまま冷ます。

インゲンのマリネ
1　サヤインゲンはスジをむき、両端を切りそろえる。塩を加えた熱湯でゆでる。氷水におとし粗熱をとる。
2　他の材料を合わせて、サヤインゲンを10分間マリネする。

ゼンマイのマリネ
1　ゼンマイをコンソメで煮て塩、白コショウで味を調える。

仕上げ
1　ビーツはアルミホイルで包み、150℃のオーブンで20分間焼く。スライスしてセルクルで丸く抜く。
2　パテを1.5cmの厚さに切り、黒コショウをふる。皿の中央に盛り、インゲンとゼンマイのマリネ、ビーツを盛る。
3　コルニション、フルールドセルを添える。

青首鴨とフォアグラのバロティーヌ

新潟からマガモが入荷したので、蕎麦やフキノトウなど新潟産の素材を使い、最後に香りづけに上越のホワイトブランデーをふって仕上げた。新潟の食材でまとめた一皿。

材料（1皿分）
◎バロティーヌ
マガモ胸肉　1羽分
ホワイトブランデー（菊水印）　50cc
塩、白コショウ　各適量
オレンジ　1個
フキノトウ　5個
グラニュー糖　適量
フォアグラのコンフィ（→p.149／直径3cmの棒状）
　胸肉の長さと同じ

ジビエコンソメ（→p.147）　200cc
ジュンサイ　20g
木ノ芽　3枚
蕎麦（ゆでたもの）　適量

バロティーヌ

1　マガモはモモと手羽はつけたまま、胸を両方つなげた状態で胴ガラからはずす。
2　1を塩、白コショウ、ホワイトブランデーでマリネする。
3　オレンジを果肉、果汁、ワタを削いだ皮に分け、鍋に入れ、フキノトウ、グラニュー糖を加えて中火で20分間ほど煮て、コンフィチュールをつくる。
4　マガモ胸肉にこのコンフィチュールをのせ、フォアグラをのせて巻く。タコ糸で結わく。ラップを巻いてアルミホイルで包む。
5　4のマガモをバットに入れ、85℃のスチームコンベクションオーブン（スチームモード）で45分間加熱したのち、取り出して冷ます。

仕上げ

1　器に蕎麦を盛り、2cm厚さに切ったバロティーヌをのせ、冷たいコンソメを流す。
2　ジュンサイと木の芽を飾り、ホワイトブランデーを少量ふる。

菊水印ホワイトブランデー
（新潟／岩の原ワイン）／3700円

低温蒸留でブドウの香味を残したブランデー。ナイヤガラ、マスカット・ベリーＡ種を使用。ブドウ本来の香りが楽しめる。

青首鴨の低温調理プラス炭火焼き サルミソース

新潟産の網獲りの青首は格別の味。キメの細かさ、アクのなさが際立つ。このカモを生かすために、あえてクセのある山ブドウワインでつくったサルミソースを合わせて、カモの脂の甘い香りを引き立てた。

材料（1皿分）
マガモ胸肉　1枚
塩、コショウ　各適量
フルールドセル　適量

◎内臓のタルティーヌ
レバー、ハツ、砂肝　各1羽分
塩、コショウ、強力粉　各適量
バゲット（スライスして焼いたもの）　1枚
オリーブ油、無塩バター　各適量
A
├ エシャロット（みじん切り）　小さじ1
└ パセリ、ニンニク（みじん切り）　各小さじ1/2
シブレット（みじん切り）　小さじ1/2

◎モモ肉のクロメスキ
B
├ マガモモモ肉　100g
├ 背脂　10g
└ フォアグラ　10g
C
├ マデラ酒　4cc
├ ポルト酒（ルビー）　4cc
├ 塩　1g
├ 黒コショウ　0.5g
└ キャトルエピス　0.3g
玉ネギソテー＊　20g
卵黄　5g
薄力粉、溶き卵、パン粉、揚げ油　各適量

◎サルミソース
フォンドカナール（→p.147）　150cc
赤ワイン（山ソーヴィニヨン）　100cc
シカの血　少量
無塩バター　少量
塩、黒コショウ　各適量

◎カブのタタン（→p.149）

干芋のフリット＊＊

＊玉ネギをみじん切りにしてバターでソテーする。
＊＊干芋を素揚げにする。

モモ肉のクロメスキ

1　BとCを合わせ、ミートチョッパーで挽く。
2　ここに玉ネギソテーと卵黄を混ぜ合わせる。
3　成形して薄力粉をまぶし、溶き卵にくぐらせ、パン粉をつける。200℃の油でカリッと揚げる。

サルミソース

1　赤ワインを強火でツヤが出るまで煮詰める。
2　ここにフォンドカナールを加え、さらに煮詰め、塩、コショウで味を調える。
3　提供前にバターでモンテする。火からおろし、シカの血を少しずつ加えてつなぐ。

内臓のタルティーヌ

1　バゲットはスライスしてオーブンで香ばしく焼く。
2　内臓は塩、コショウして強力粉をまぶす。
3　オリーブ油でハツと砂肝をソテーする。5割火が入ったらレバーを入れる。Aとバターをからめる。焼き上がったらバゲットにのせ、シブレットをふる。

マガモを焼く

1　マガモ胸肉は塩、コショウをふり、真空包装機にかける。
2　真空パックを網バットにのせ、54℃のスチームコンベクションオーブン（スチームモード）で15分間加熱する。
3　このまま冷まし、真空パックから取り出し、炭火で皮面から焼く。

仕上げ

1　皿にタルティーヌ、干芋のフリット、カブのタタン、クロメスキを盛り合わせ、切り分けた胸肉とササミを盛る。断面にフルールドセルをふる。サルミソースを手前に流す。

ソレイユ ルバン 山ソーヴィニヨン
（山形／月山ワイン）／1700円

山ソーヴィニヨンとは、山ブドウとカベルネ・ソーヴィニヨンを交配した品種。果実とスパイスの香り、キレのある酸が特徴。果実の芳醇な香りと野性味ある味わい。

青首鴨内臓のソテー　ボルドー風

前菜の一品。カモの内臓をおいしく食べる方法の一つ。煮込みよりも内臓の持ち味を生かせる調理法だと思う。ニンニクバターの香りをつけ、グラスバルサミコで甘酸っぱいアクセントをつけた。

材料（1皿分）
マガモの内臓（ハツ、砂肝、レバー）　2羽分
塩、黒コショウ、強力粉　各適量
ニンニク（みじん切り）　適量
エシャロット（みじん切り）　適量
パセリ（みじん切り）　適量
グラスバルサミコ＊　適量
オリーブ油　適量
無塩バター　適量

＊バルサミコ酢を半分以下まで煮詰めて微量のEXVオリーブ油を加えたもの。

1　内臓は塩、黒コショウをふり、強力粉をまぶす。
2　フライパンにオリーブ油をひき、ハツと砂肝を先にソテーする。ある程度火が入ったら、火を弱めてレバーを入れる。
3　ニンニク、エシャロット、パセリ、バターを加えて香りを出す。
4　皿に盛り、グラスバルサミコをかける。

小鴨のラケソース
長期熟成シャルドネと柚子の香り

コガモと柑橘類は相性のよい組み合わせ。質のよいコガモの濃厚な味に、長期熟成させたシャルドネとユズをジャムのように濃度をつけて煮詰めて、かけ焼きした。照り焼き風にしっかり焼く。

材料（1皿分）
コガモ　1羽
塩、白コショウ、オリーブ油　各適量
セリ　1本
山椒塩　適量
トレヴィス　1株

◎ラケソース
白ワイン（長期熟成シャルドネ）　900cc
ユズ（皮付き）　500g
和三盆糖　250g

◎蜜柑のコンポート（つくりやすい量）
ミカン　小20個
白ワイン　1ℓ
グラニュー糖　250g

蜜柑のコンポート
1　ミカンを洗い、一度ゆでこぼす。
2　白ワインを火にかけてアルコールを飛ばし、グラニュー糖を入れて溶かす。
3　ここにミカンを入れて弱火で2時間弱煮る。冷めたら密閉容器に入れて1週間ほどおいてから使う。

ラケソース
1　ユズは横半分に切って、種を取る。
2　鍋にユズと白ワインと和三盆を入れて蓋をして、100℃のスチームコンベクションオーブン（スチームモード）で3時間加熱する。
3　取り出してミキサーにかけ、鍋に移してどろどろに濃度がつくまで弱火で煮詰める。

コガモを焼く
1　コガモは背中から1枚に開く。
2　両面にオリーブ油を塗り、塩、白コショウをふる。
3　皮側にラケソースを塗りながら、炭火で焼く。一緒にトレヴィスも焼く。

仕上げ
1　蜜柑のコンポートを半分に切って器に盛りつける。コガモ、トレヴィスを盛り、山椒塩を添える。セリを散らす。

長期熟成シャルドネ
（栃木／ココファーム・ワイナリー）

1997年産の門外不出のデゴルジュマン前のワイン。今回特別に使用。澱との接触が長ければ長いほどワインに旨みが還元されるが、これはヴィンテージシャンパーニュ並に長く熟成させたもの。

尾長鴨の炭火焼き
ベルジュ風ブドウ酢のガストリックとサルミペースト

オナガは脂がつきにくいカモだが、高温の炭火で薄い皮下の脂をじわじわと出して、揚げ焼き状態で肉をしっとり仕上げる。野性味の強い肉にはブドウ酢のさわやかさがよく合う。

材料（1皿分）
オナガガモ　1/2羽
塩、コショウ、オリーブ油　各適量
フルールドセル　適量
エストラゴン　1枝

◎ガストリック
ブドウ酢（ベルジュ風葡萄酢）　200cc
グラニュー糖　80g

◎サルミペースト（10皿分）
シカの血　25cc
カモのレバー　200g
フォアグラ　25g
生クリーム　50cc
卵　1/2個
無塩バター　50g
ポルト酒（ルビー）　15cc
コニャック　10cc
塩　8g
コショウ　2g

◎海老芋のドフィノワーズ（つくりやすい分量）
エビイモ　500g
A
├ 卵　90g
├ 牛乳　350cc
├ 生クリーム　150cc
├ グリュイエールチーズ　150g
├ 塩　9g
└ ナツメグ、白コショウ　各1g
無塩バター　60g＋適量
ニンニク　1片

◎レンズ豆の煮込み（つくりやすい量）
レンズ豆（乾燥）　500g
ベーコン　50g
玉ネギ（みじん切り）　1個
フォンドヴォライユ
　（→p.147頁）　適量
塩、コショウ、オリーブ油　各適量

海老芋のドフィノワーズ
1　バットにニンニクをこすりつけ、バターを塗る。
2　Aを混ぜ合わせる。エビイモは皮をむいて2mm厚さにスライスし、Aと合わせる。
3　2をバットに流し、170℃のオーブンで18分間、向きをかえてさらに18分間焼く。

レンズ豆の煮込み
1　鍋にオリーブ油を入れ、弱火でベーコンを炒める。その脂で玉ネギを色づかないようにしんなり炒める。
2　ここにレンズ豆を入れ、浸るくらいまでフォンドヴォライユを入れて柔らかくなるまで煮込む。塩、コショウで味を調える。

ガストリック
1　鍋にグラニュー糖を入れて火にかけてキャラメリゼし、ブドウ酢を加える。
2　弱火で半分に煮詰める。

サルミペースト
1　材料をすべてミキサーにかけ、シノワで漉す。
2　テリーヌ型に流し、蒸し器で20分間ほど蒸す。

オナガガモを焼く
1　オナガガモの胸から包丁を入れて、半身を胴ガラからはずす（モモと手羽をつけたまま）。
2　オリーブ油を塗り、塩、コショウをふったら強火の炭火で皮下の脂をカリッと焼き、肉にしっとり火が入ったら、モモと手羽をはずす。
3　再度焼いて仕上げる。

盛りつけ
1　器に切り分けたドフィノワーズとレンズ豆煮込みを盛る。
2　オナガガモの胸肉を切り分け、モモ、手羽とともに盛る。断面にフルールドセルを散らし、エストラゴンを添える。
3　サルミペースト、ガストリックを添える。

ベルジュ風葡萄酢
(栃木／ココファーム・ワイナリー)／850円

若摘みブドウを使用したフルーティな酢。早摘みのブドウには、まだ溌剌とした酸が残っており、ほのかに香るアロマを伴う。

軽鴨の北京ダック仕立て
アプリコットソース

くせのないカルガモを、誰もが食べやすいように仕上げた。カモと相性のよいアプリコットソースを、北京ダックにつける甜麺醤がわりに添えた。

材料（1皿分）
カルガモ　1羽
水飴、白ワインヴィネガー　各適量
揚げ油（ピーナッツ油）　適量
マリナード＊

◎アプリコットソース
ジビエコンソメ（→p.147）　100cc
アンズジャム　適量
ショウガパウダー（→p.123）　少量

◎蕎麦粉のクレープ
蕎麦粉　40g
薄力粉　10g
卵　50g
牛乳　100cc
塩　1g

ラディッキオ（タルティーボ）　1株
ラディッキオ（カステルフランコ）　4枚
タケノコ　1本

＊A（ポロネギ100g、ショウガ20g、セロリ15g、玉ネギ50g）をみじん切りにする。フェンネルシード5g、コリアンダー10g、カイエンヌペッパー3g、白ワイン20cc、白ワインヴィネガー10cc、シロップ40cc、ハチミツ50cc、水100cc、グラニュー糖30g、塩15gとAをよく混ぜる。

カモのマリネ
1　カルガモは内臓を抜き、水洗いする。
2　マリナードの材料を合わせ、一煮立ちさせ冷まし、カルガモとともに真空パックにして2日間冷蔵庫でマリネする。
3　カモを取り出し、水洗いして水気をふき取り、85℃のスチームコンベクションオーブン（スチームモード）に10分間入れる。
4　水飴と白ワインヴィネガーを混ぜ、カモの皮に塗って風に当てて乾かす。これを3回くり返す。

カモを揚げる
1　カルガモをS字フックで鍋の上に吊るす。熱した油をかけながら加熱する。皮をパリッと仕上げる。

アプリコットソース
1　ジビエコンソメを沸かし、アンズジャムを加えて少し煮詰め、仕上げにショウガパウダーを加える。

蕎麦粉のクレープ
1　すべての材料を合わせる。フライパンにサラダ油（分量外）を薄くひき、生地を薄く流して焼く。

仕上げ
1　タケノコは炭火で焼く。
2　皿にカルガモを盛る。別皿にクレープ、ラディッキオ、タケノコを盛る。アプリコットソースを添える。

葦鴨のブロッシュ

ヨシガモは肉が柔らかく、脂があまりのらないので、ベーコンを巻いて形を整え、コクをおぎなって豪快に串焼きにしてみた。

材料（1皿分）
◎ブロッシュ
ヨシガモ　1羽
ベーコン（3mmスライス）　8枚
塩、白コショウ、オリーブ油　各適量
レモン　1/2個

◎ポテトチップス
ジャガイモ（メークイン）　2個
塩、パプリカ粉　各適量
揚げ油（サラダ油）　適量

ポテトチップス
1　ジャガイモ（メークイン）は皮をむいて2mmの厚さにスライスする。
2　よく水にさらしてデンプン質を抜き、ザルにあけ、水気をよくふく。170℃の揚げ油でカリッと揚げる。塩、パプリカ粉をふり、味を調える。

ブロッシュ
1　ヨシガモは胸、手羽、モモに分ける（手羽は使わない）。胸は3等分に切る。
2　それぞれにオリーブ油を塗り、塩、白コショウをふる。周りにベーコンで巻いて串を打つ。
3　炭火で焼く。

仕上げ
1　皿の横にポテトチップスを盛り、反対側にブロッシュを盛る。レモンを添える。

田鴫のフランベ 信州産VSOP

国産タシギは小型で淡白な味わい。これをおぎなうのが香り高いブランデー。ブランデーを煮詰めたソースを合わせた。

ブランデー VSOP
（長野／五一ワイン）／2200円

味わいは重厚でまろやか、熟成した深みがある。地元のナイアガラ種を使用した無添加ワインを蒸留し、樽熟成させたもの。

材料（1皿分）
タシギ　1羽
塩、白コショウ　各適量
ブカティーニ　5本

◎内臓のタルティーヌ
タシギの内臓（レバー、ハツ、砂肝）　1羽分
バゲット（スライスして焼いたもの）　1枚
塩、コショウ、強力粉、オリーブ油　各適量
無塩バター　適量
A
┌ エシャロット（みじん切り）　小さじ1
└ パセリ、ニンニク（みじん切り）　各小さじ1/2
シブレット（みじん切り）　適量

◎ソース
ブランデー（ブランデー VSOP）　150cc
ジビエコンソメ（→p.147）　200cc
無塩バター　20g
塩、白コショウ　各適量

タシギを焼く
1　タシギを半身に割って、塩、コショウをふる。
2　炭火で焼く。
3　火からおろしてモモをはずし、提供時にもう一度焼いて仕上げる。

内臓のタルティーヌ
1　内臓は塩、コショウをし、強力粉をまぶしてオリーブ油でソテーする。Aとバターをからめる。バゲットにのせ、シブレットをふる。

ソース
1　ブランデーを小鍋に入れて火にかけ、ツヤが出るまで煮詰める。
2　ここにジビエコンソメを加えて軽く煮詰め、塩、白コショウで味を調える。バターでモンテする。

仕上げ
1　器に円を描くようにゆでたブカティーニを盛り、内側にソースを流す。
2　胸肉を盛りつけ、モモと頭、タルティーヌを添える。

材料（1皿分）
キジバト　1羽
塩、コショウ、オリーブ油　各適量
ショウガパウダー＊　少量

◎ポルトソース
ポルト酒（ルビー / 仄仄）　180cc
ジビエコンソメ（→p.147）　200cc
無塩バター（1cm角）　30g
塩、コショウ　各適量

◎フォアグラのコンフィ（→p.149）

◎トラ豆のピュレ
トラ豆　適量
フォンドヴォライユ（→p.147）　適量
塩、白コショウ　各適量

＊ショウガをシロップ煮にし、乾燥粉砕したもの。

トラ豆のピュレ
1　トラ豆は一晩水に浸けて戻す。
2　鍋に豆を入れ、浸るくらいの水と塩を少量入れ7割くらいゆでてザルにあける。この豆を鍋に入れ、フォンドヴォライユを注いで柔らかくなるまで煮込む。
3　塩、白コショウで味を調える。これをミキサーにかける（水分は調節する）。

ポルトソース
1　ポルト酒を強火でツヤが出るまで煮詰める。
2　ジビエコンソメを加えて少し煮詰め、塩、コショウで味を調える。提供前にバターでモンテする。

キジバトを焼く
1　キジバトは胸、手羽、モモに切り分ける。
2　各部位にオリーブ油を塗って塩、コショウをふり、炭火でロゼに焼く。

仕上げ
1　皿の中央に、トラ豆のピュレを盛りつける。周りにポルトソースを流す。ピュレの上に胸肉をのせ、周りに手羽とモモを飾る。胸肉の上にフォアグラのコンフィを添え、ショウガパウダーをふる。

山鳩の炭火焼き
四恩醸造和製ポルトソース

脂がのっている国産のキジバトはあまり複雑に調理せず、シンプルな炭火焼きが旨い。血の香りのする肉に酒精強化ワインを合わせると、血の味がやわらぐ。ローストすると肉がかたくなるので炭火焼きで。

仄仄
（山梨 / 四恩醸造）/2300円

デラウェアの発酵中にブランデーを添加した酒精強化ワイン。日本ではまだ珍しいスタイルだが、ポルトガルのポルトがその代表。ドライフルーツやナッツ、コーヒー、カラメルと複雑な香り。

雉の酒粕入りパイ包み焼き
貴醸酒風味のクリームソース

ニホンキジは加熱するとパサつきやすいので、酒粕（ワインと日本酒の二毛作に取り組んでいる小布施ワイナリーの酒粕）入りのパイ生地で包んで焼いた。コクのある貴醸酒を使ったクリームソースを合わせて。

満寿泉貴醸酒
（富山／桝田酒造店）／2300円

米の凝縮味があり、とろりと甘くコクが深い。仕込み水の代わりに日本酒を使う。日本酒同士の相乗効果で酸や甘みが増え、複雑味が増す。

材料（1皿分）
ニホンキジ（30日間熟成）　1羽
塩、白コショウ　各適量
野沢菜漬け　10枚
パイ生地
├ 酒粕（小布施ワイナリー）　300g
├ 中力粉　500g
└ 水　適量

◎クリームソース
ジビエコンソメ（→p.147）　200cc
貴醸酒（満寿泉）　150cc
生クリーム　少量
無塩バター　30g
塩、白コショウ　各適量

パイ生地
1. 酒粕にふるった中力粉を加え、混ぜ合わせる。かたさを見て（耳たぶくらいがよい）水を加える。

クリームソース
1. 貴醸酒を火にかけ、1/3量まで煮詰める。
2. ジビエコンソメを加えてさらに煮詰め、塩、白コショウで味を調える。
3. 提供前にバターでモンテし、生クリームでコクを出す。

キジを包む
1. キジは内臓を抜く。
2. 全体に塩、白コショウを軽めにふる。炭火で焼いて表面に焼き色と炭の香りをつける。
3. 野沢菜漬けは軽く洗い、よく水を絞る。1枚ずつ広げ、キッチンペーパーで水気をふき、キジを包む。
4. パイ生地を厚さ1cmほどにのばして3を包む。

パイ包みを焼く・仕上げ
1. 天板にのせ、200℃のオーブンで30～40分間ほど焼く。
2. 皿の中央に盛り、周りに飾り用の葉を飾る。クリームソースを別に添える。

山鴫のパイ包み焼き

スコットランド産のヤマシギ（ベカス）は国産に比べると大型で脂がのっている。さらにフォアグラで脂分をおぎない、パイで包んで香りを閉じ込めた。輸入物は8月解禁になるが、早い時期のほうが質がいい。

材料（1皿分）
ヤマシギ（スコットランド産） 1羽
塩、白コショウ、オリーブ油　各適量
フォアグラのコンフィ（→p.149）　30g

◎パータフォンセ
薄力粉　165g
塩　3g
グラニュー糖　3g
無塩バター　100g
卵黄　10g
水　40cc
打ち粉（薄力粉）　適量

◎マデラソース（→p.131）

パータフォンセ

1. 薄力粉、塩、グラニュー糖は合わせてふるう。バターは5mm角に切る。卵黄と水を混ぜ合わせて卵液をつくる。
2. 粉類とバターを素早く手ですり混ぜる。ここに卵液を加え、さっくりと合わせる。
3. 一つにまとめ、ラップで包み、2時間冷蔵庫でやすませる。

ヤマシギを焼く

1. ヤマシギは胸、モモ、手羽に切り分ける。胸肉にオリーブ油を塗り、塩、白コショウをふる。
2. フライパンにオリーブ油をひき、胸肉の皮面をカリッと焼く。
3. フォンセ生地を3mmにのばし、タルト型にしき込む。ここに胸肉を並べ、上にフォアグラのコンフィをのせ、フォンセ生地でおおう。
4. 200℃のオーブンで20分間ほど焼く。モモ、手羽、頭はオリーブ油を塗り、塩、白コショウをふって炭火で焼く。

仕上げ

1. 皿にタルトをのせ、頭を中央にさす。手羽、モモを周りに飾る。マデラソースは別添えで。

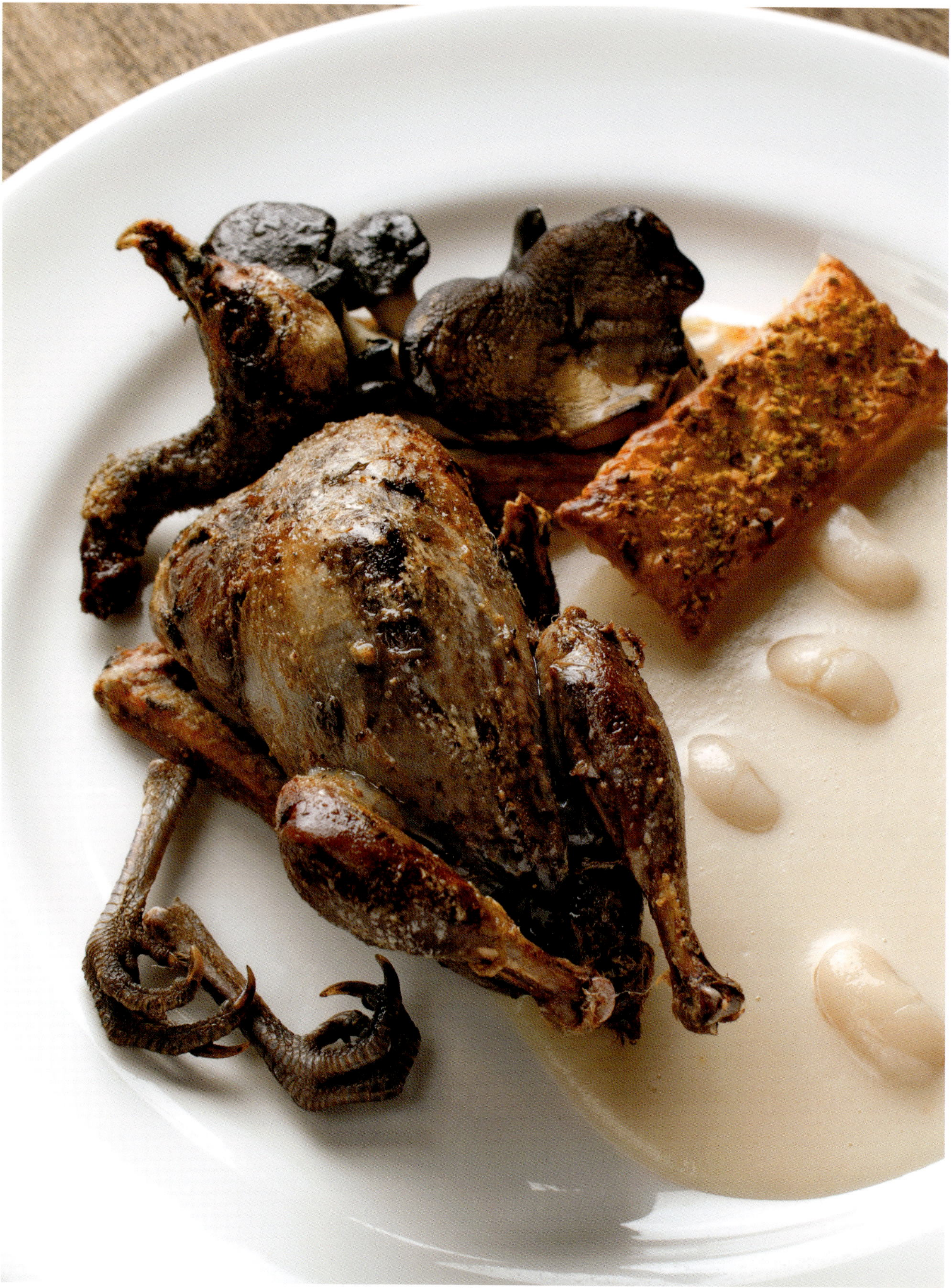

ペルドローグリの炭火焼き 白いんげんの ソースムースリーヌ 13年熟成梅酒風味

ヤマウズラ（ペルドロー）は柔らかく、くせがなく食べやすいので、ソースを選ばない。ここでは梅酒を加えたほんのり甘くてクリーミーな白いんげんのソースを合わせてみた。

材料（1皿分）
ヤマウズラ（グリ/スコットランド産）　1羽
塩、コショウ、オリーブ油　各適量

◎白いんげんのソース ムースリーヌ
白インゲン豆　50g
梅酒（長期熟成梅酒）　150cc
ジビエコンソメ（→p.147）　200cc
塩、白コショウ　各適量
生クリーム　少量

◎キノコのソテー
アワビ茸　1枚
平茸　2本
無塩バター　5g
エシャロット（みじん切り）　3g
塩、コショウ、生クリーム　各適量

◎パイケース
パイ生地（→p.148）　4×7cm角・3mm厚さ1枚
卵液（卵黄1個分と牛乳小さじ1）　適量
ピスタチオナッツ（みじん切り）　1つまみ

長期熟成梅酒
（山梨/シャトー酒折ワイナリー）
/2700円

ウメの果実味と熟成による芳醇な芳香が見事に調和した最高級の梅酒。梅酒の好適品種といえる梅郷種を使用。ウメの実とホワイトリカー、糖類、ハチミツのみでつくった本格仕込みの梅酒。長期の漬け込みによりウメの種から風味豊かなアロマが引き出される。

パイケース
1　パイ生地（フイユタージュ）に卵液を塗り、ピスタチオナッツを散らす。
2　200℃のオーブンで3分間焼き、180℃に温度を下げてさらに12〜15分間焼く。
3　粗熱がとれたら、膨らんだ上部を横に切り落とし、蓋にする。下部は中央をペティナイフでくり抜き、容器にする。

キノコのソテー
1　アワビ茸、平茸、エシャロットをバターでソテーする。塩、コショウで味を調え、生クリームでコクを出す。
2　ソテーをパイケースのなかに盛りつける。

白いんげんのソース ムースリーヌ
1　白インゲン豆は一晩水で戻す。鍋に移し、塩を1つまみ加え、柔らかくなるまでゆでる。飾り用に数粒取っておく。
2　残りの白インゲン豆をミキサーにかけ、ピュレにする。
3　梅酒を1/3量まで煮詰める。ジビエコンソメを加えてさらに煮詰め、2のピュレを加え、塩、白コショウで味を調える。生クリームでコクを出す。

ヤマウズラを焼く
1　ヤマウズラは内臓を抜いて丸で使う。
2　オリーブ油を表面に薄く塗り、塩、コショウをふって炭火で焼く。頭も焼いておく。

仕上げ
1　器にソースを流し、飾り用に取っておいた白インゲン豆を散らす。ヤマウズラを盛り、頭を添える。パイケースを盛りつける。

ペルドロールージュのパルマンティエ

クセのないヤマウズラには、複雑な味わいのソースよりも、ジャガイモやチーズといったシンプルでやさしい味が合う。

材料（1皿分）
ヤマウズラ（ルージュ）　1羽
塩、コショウ、オリーブ油　各適量
玉ネギ（みじん切り）　1/4個
トマトピュレ　50g
赤ワイン　30cc
ニンニク（みじん切り）　小さじ1/3
フォンドヴォライユ（→p.147）　50cc
ムチュリチーズ＊　30g

◎ジャガイモのピュレ
ジャガイモ（メークイン）　1個
無塩バター　25g
牛乳　35cc
塩、コショウ　適量
ナツメグ　少量

＊牛乳でつくるセミハードのチーズ。

ジャガイモのピュレ
1　ジャガイモは丸ごと蒸し器で蒸す。柔らかくなったら、熱いうちに皮をむき、裏漉しする。
2　牛乳、バターを鍋に入れて火にかけて温め、ジャガイモに合わせる。塩、コショウ、ナツメグで味を調える。

ラグー
1　ヤマウズラはモモと手羽をはずし、骨を抜く。
2　包丁で肉をたたき、ミンチにする。
3　鍋にオリーブ油をひき、弱火でニンニクの香りを出す。玉ネギを加えて弱火で炒める。玉ネギに透明感が出たらミンチ肉を加えてさらに炒める。
4　ある程度火が通ったら、赤ワインを加えて煮詰める。沸いたらトマトピュレ、フォンドヴォライユを加え、弱火で煮込む。塩、コショウで味を調える。

ヤマウズラを焼く
1　骨付きの胸肉と頭は、塩、コショウをして、オリーブ油をひいたフライパンでソテーする（あとでオーブンで焼くことを考慮する）。

仕上げ
1　ココットにラグー、ピュレの順に詰め、削ったムチュリチーズをかける。中央にヤマウズラの胸肉と頭をのせ、230℃のオーブンで5～10分間焼く。

雷鳥の炭火焼き 勝沼産デラウェア風味

輸入物のライチョウはクセが強く、皮の状態があまりよくなかったので皮をはずし、炭火で香ばしく焼いて、マスカットブドウのワインでさわやかな香りを添えた。

材料（1皿分）
ライチョウ（スコットランド産） 1羽
塩、白コショウ、オリーブ油 各適量

◎ソース
白ワイン（デラドライ） 150cc
ジビエコンソメ（→p.147） 200cc
塩、白コショウ 各適量
無塩バター 10g

◎人参グラッセ
ミニニンジン＊ 各1本
無塩バター 40g
オレンジ果汁 1個分
グリーンアニス 1つまみ
塩、白コショウ 各適量

◎春菊と黄カブのケークサレ（→p.149）

ハーブ＊＊ 各適量

＊金美、紫、白、金時、オレンジの各色。
＊＊エストラゴン、セルフイユ、イタリアンパセリ。

人参グラッセ
1 鍋にバターを入れ、弱火で溶かし、ミニニンジンを軽く炒める。
2 オレンジ果汁、グリーンアニスを加え、落し蓋をして弱火で煮る。柔らかく火が通ったら中火でからめながら水分を煮詰めて、塩、白コショウで味を調える。

デラドライ
（山梨／ダイヤモンド酒造）／1400円

飲み応えのある辛口。フレッシュでフルーティ。果実味や酸、苦味とメリハリのある個性的な味わい。

ソース
1 白ワインを小鍋に入れ、強火でツヤが出るまで煮詰める。
2 ジビエコンソメを加え軽く煮詰め、塩、白コショウで味を調える。提供前にバターでモンテする。

ライチョウを焼く
1 ライチョウは胸、モモに分ける。レバー、ハツ、砂肝、頭も使う。すべてにオリーブ油を塗り、塩、コショウをふって炭火で焼く。

仕上げ
1 器の中央に胸肉、モモ肉を盛りつけ、周りに内臓類と頭を飾る。皿の縁に人参グラッセ、ケークサレを2切れ添える。各種ハーブを散らす。

本州鹿レバーのペルシヤード 甘酢風味

ホンシュウジカのレバーは、エゾシカよりもねっとり感があり、ほどよいかたさで食べやすい。みじん切りの香味野菜をのせてクセを抑えている。

材料（1皿分）
ホンシュウジカのレバー　300g
塩、黒コショウ、オリーブ油　各適量
A
├ 玉ネギ（みじん切り）　1/2個
├ パセリ（みじん切り）　25g
├ 無塩バター　50g
└ オリーブ油　30cc

◎ソース
シェリーヴィネガー　50cc
グラスドヴィヤンド（→p.148）　100cc
梅酒（自家製）　25cc
塩、コショウ　各適量

◎ジャガイモのピュレ
　（→p.128）

レバーを焼く
1　レバーの薄膜を破らないようにはがす。
2　表面にオリーブ油を塗り、塩、黒コショウをふり、炭火で焼く。温かいところにおいて保温しておく。
3　Aを混ぜ合わせ、レバーの上面に薄くのせる。
4　250℃のオーブンで3分間ほど温め、玉ネギとパセリの香りを出す。

ソース
1　シェリービネガーを強火で煮詰め、ツヤが出たらグラスドヴィヤンド、梅酒を加え、軽く煮詰める。
2　最後に塩、コショウで味を調える。

仕上げ
1　器にジャガイモのピュレを盛り、ソースを流す。レバーを斜め半分に切って盛りつける。

自家製梅酒
濃厚な梅の香りとエキスがギュッと詰まったふくよかな味わいの特製の梅酒。

本州鹿の山葡萄風味の塩麹漬け
北条マデラワインソース

ホンシュウジカのロース肉の味はよいが、とても淡白なので、ブドウの搾りかすを混ぜた塩麹に漬けて旨みをおぎなった。淡い味わいの国産マデラワインでつくったソースを合わせたやさしい一皿。

材料（1皿分）
ホンシュウジカロース肉　200g
塩麹　500g
塩　100g
ブドウ搾りかす　200g
水　1ℓ

◎マデラソース
マデラワイン（マデラ）　180cc
ジビエコンソメ（→p.147）　200cc
塩、黒コショウ　各適量
無塩バター　30g

タラの芽の素揚げ　6個
フルールドセル　適量
飾り用の葉　適量

ブドウの搾りかすと塩麹、塩、水を混ぜ合わせたもの。

マデラ
（鳥取/北条ワイン）/720円
ワインを加温し、アルコールを加えて熟成。料理の隠れた旨みを引き出す。ソースに加えると甘みやコクが増す。

シカ肉を漬ける
1　塩麹とブドウの搾りかす（ワイン用）の実の部分と塩、水を合わせて10日間おいて微発酵させる。
2　肉をガーゼで包み、1のなかに入れて一晩漬ける。

マデラソース
1　マデラワインを小鍋に入れ、強火でツヤが出るまで煮詰める。
2　ジビエコンソメを入れ、さらに1/3量になるまで煮詰める。塩、黒コショウで味を調える。
3　提供前にバターでモンテする。

シカ肉を焼く
1　シカ肉を取り出して、炭火で焼く。

仕上げ
1　器にソースを流す。
2　シカ肉を切り分け、断面にフルールドセルをふる。
3　シカ肉をソースの上に盛り、周りに素揚げしたタラの芽を添え、木の葉を飾る。

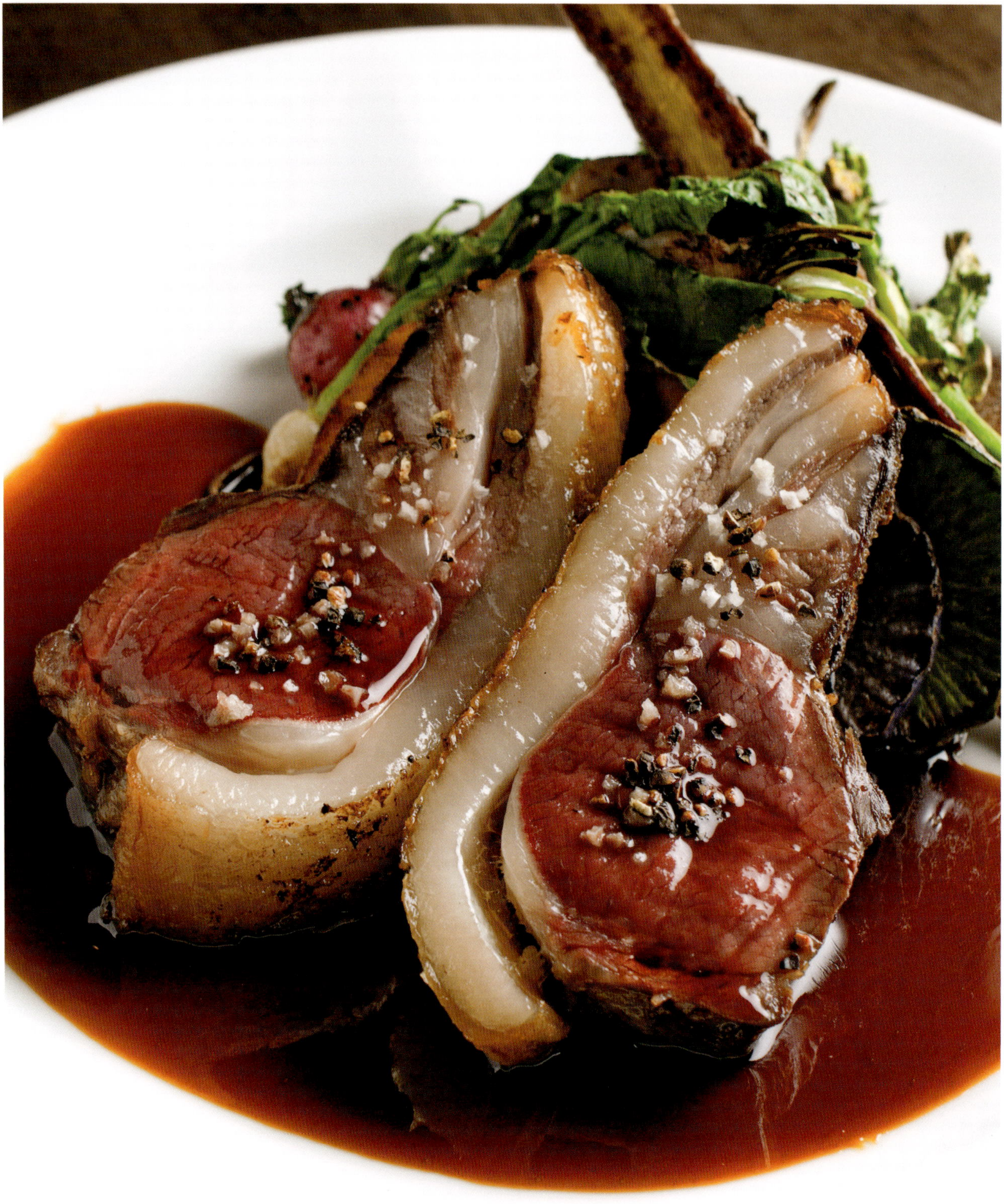

蝦夷鹿の炭火焼き
奥野田葡萄酒　澱上ワインソース

熟成により適度に水分を抜いたシカ肉の塊を炭火で焼いた。シカ肉は歯切れがよく、加熱で美しいバラ色に変化する。合わせるソースには、煮詰めるとシェリーのような香りに変化する澱上ワインを使った。

材料（1皿分）
エゾシカロース肉（ウェットエイジング）　300g
塩、黒コショウ、オリーブ油　各適量
フルールドセル、ミニョネット　各適量

◎澱上ワインソース（20人前）
澱上ワイン　1.8ℓ
フォンドシュヴルイユ（→p.147）　2ℓ
ヴィンコット　120cc
粗挽き黒コショウ　適量
塩、コショウ　各適量
無塩バター　約50g

◎つけ合せ
蓮根、紫大根、緑大根　各1cm
ミニカブ、ラディッシュ　各1個
あやめ雪カブ　1/2個
オータムポエム　1本
ジャガイモ（シャドークイン）　1個
あんぽ柿　1個

澱上ワインソース
1　ワインを強火でツヤが出るまで煮詰める。
2　ここにフォンドシュヴルイユを加え、沸騰したらアクを取り除いて弱火にし、ヴィンコット、黒コショウ、塩を加え、1/3になるまで煮詰める。
3　塩、コショウで味を調え、シノワで漉す。

シカ肉を焼く
1　常温に戻したエゾシカ肉に、オリーブ油を塗り、塩、黒コショウをふる。
2　炭火で10分間ほど焼き、同じ時間温かいところでやすませる。

つけ合せ
1　つけ合せの野菜はそれぞれ炭火で香ばしく焼く。

仕上げ
1　シカ肉を炭火でさっと温め直し、2等分にして皿に盛る。
2　ソースを適量温め、バターでモンテする。
3　周りにソースを流し、つけ合せの野菜を盛る。シカ肉の上にフルールドセル、ミニョネットをふる。

澱上ワイン
（山梨／奥野田ワイナリー）/1200円

澱上熟成ワイン。シェリーや紹興酒のような味わい。本来瓶詰めされない旨みを含んだワインの澱の上澄みだが、調味料として使うと、コクや深みを料理に与えてくれる。

蝦夷鹿うで肉のフリカデル

端肉の利用の提案。ウデ肉を使う場合は熟成過剰になっていないものを使う。ウデは肉が薄いので、熟成しすぎると水分が抜けてしまう。

材料（1皿分）
◎フリカデル
エゾシカウデ肉　250g
玉ネギ（炒めたもの）*　1/2個分
牛乳　75cc
パン粉　40g
塩　3g
白コショウ　1g
ケイパー、黒オリーブ（みじん切り）　各適量

◎エシャロットソース
エシャロット（スライス）　20g
白ワイン　100cc
ジビエコンソメ（→p.147）　150cc
塩、黒コショウ、オリーブ油　各適量
無塩バター　20g

◎ラタトゥイユ
ナス　1本
ズッキーニ、玉ネギ　各1/2個
パプリカ（赤・黄）　各1/4個
トマトピュレ　200g
塩、白コショウ、オリーブ油　各適量

◎サラダ
ベビーリーフ　適量
ヴィネグレットソース（→p.148）　適量

＊みじん切りにして、オリーブ油でしんなりするまで炒めて冷ましておく。

ラタトゥイユ

1. 野菜類は1.5cm角に切る。ナスは塩を軽くふり、アク抜きして水分を抜く。
2. ナスとズッキーニを180℃の油で素揚げする。
3. 鍋にオリーブ油を入れ、玉ネギを炒める。しんなりしたら、パプリカを加え、軽く炒め合わせ、2のナスとズッキーニ、トマトピュレを加えて20分間ほど煮込む。塩、白コショウで味を調える。

フリカデル

1. エゾシカウデ肉をミンサーで挽き、他の材料を混ぜ合わせる。
2. セルクルに詰めて成形し、フライパンにオリーブ油をひいて焼く。

エシャロットソース

1. 鍋にエシャロットとオリーブ油を入れて弱火で炒め、水分を出す。
2. しんなりしたら、白ワインを加え、強火でツヤが出るまで煮詰める。煮詰まったらジビエコンソメを加え、1/2になるまで煮詰め、シノワで漉す。
3. 塩、黒コショウで味を調え、バターでモンテする。

仕上げ

1. ベビーリーフをヴィネグレットで和える。
2. 皿の周りにエシャロットソースを流し、フリカデルを盛りつけ、上にラタトゥイユをのせる。中央にサラダを盛る。

蝦夷鹿モモ肉の岩塩包み焼き

加熱によってシカ肉が変化するのは54℃から。肉繊維が開き始めて、たんぱく質に火が通るぎりぎりの温度帯を保つために、ブドウの葉と海塩で包んで焼き上げた。ブドウの葉は肉に香りをつけ、塩分が肉に入り込むのを防いでくれる。

材料（1皿分）
エゾシカモモ肉　600g
塩、黒コショウ　各適量
卵白　3個分
シチリア産海塩　1.5kg
ブドウの葉の塩漬け　適量

肉を包む

1　エゾシカモモ肉は塩、黒コショウをふる。炭火の火床に藁を入れて、シカの表面に藁の香りと焼き色をつける。耐熱袋に入れ、氷水に入れ、急冷する。
2　ブドウの葉の塩漬けは水洗いし塩気を抜く。水気をふき取り、袋からシカを取り出して包む。
3　卵白と海塩を混ぜ合わせ、オーバル型の耐熱皿の底に1.5cmの厚さにしき詰める。先ほどの肉を中央にのせ、残りの塩を上にかぶせる。

焼く

1　200℃のオーブンで約30分間焼く。中心に金串をさし、温度を確認する。58〜60℃になっていれば焼き上がり。

仕上げ

1　周りからナイフを入れて塩釜を割ってはずす。シカ肉を取り出し、葉をはずして半分に切る。
2　板の中央に葉をしき、肉をのせる。周りに割った塩釜を飾る。

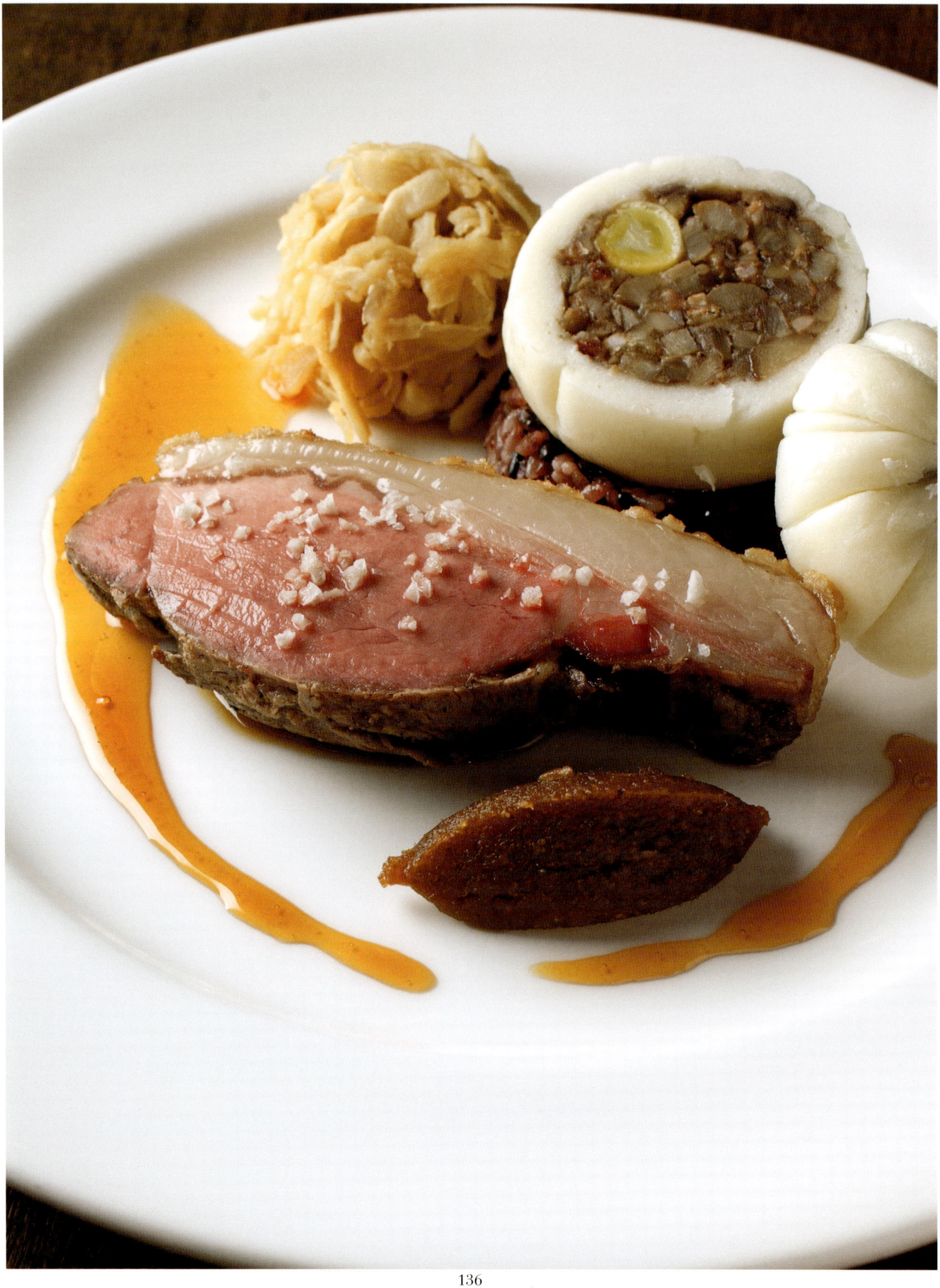

猪の炭火焼き 自然仕込み生原酒とジビエのコンソメ

イノシシは脂身をいかにうまく調理するかがポイントになる。適度に脂を溶かして香ばしく焼き、溶け出さない脂を味わう。赤身は淡白なので、強いソースは避けて、甘みのある生原酒とジビエコンソメを合わせた。

材料（1皿分）
イノシシロース肉（ウェットエイジング） 300g
塩、コショウ、オリーブ油 各適量
フルールドセル 適量

◎ソース
ジビエコンソメ（→p.147） 100cc
生原酒（タイムマシン） 40cc
塩 適量

◎金山時味噌とくるみのペースト（→p.149）

◎黒米（約20皿分）
黒米 100g
米 500g
フォンドヴォライユ（→p.147） 550cc
無塩バター 50g
塩、コショウ、オリーブ油 各適量
ブラウンマッシュルーム 50g
舞茸、シメジ茸 各50g

◎百合根饅頭
ユリネ 大1個
卵白 1個分
コーンスターチ 5g
ゴボウ 5cm
クリ、ギンナン 各5粒
ジビエコンソメ（→p.147） 適量
塩、白コショウ 各適量

◎切干大根のコンソメ煮
切干大根 30g
ジビエコンソメ（→p.147） 適量
塩、白コショウ 各適量

タイムマシン
（京都／木下酒造）／1150円

無濾過の生原酒。デザートワインのような甘みと優しい酸味が特徴。江戸時代の造りを再現した甘口。酸やアミノ酸が現代の日本酒よりもかなり多めに含まれる。

黒米
1 黒米は3時間以上水に浸けておく。キノコ類は5mm角に刻んで、オリーブ油でソテーする。
2 フォンドヴォライユを沸騰させ、濃いめに塩、コショウで味をつけて冷ます。
3 米を研ぎ、黒米と一緒にし、水気をきる。炊飯器にすべての材料を入れて炊く。

百合根饅頭
1 ユリネは鱗片をはずしてきれいに洗い、掃除する。ザルで水をきったのち蒸す。
2 柔らかくなったら熱いうちに裏漉しし、ユリネをボウルに移し、塩、コーンスターチ、卵白を加えて手でよく混ぜ合わせ、しっとりとした状態にまとめる。
3 ゴボウ、クリ、ギンナンは1cm角に切り、ジビエコンソメで煮てザルにとる。ラップに2を広げ、具を茶巾に包む。
4 蒸し器で10分間蒸す。

切干大根のコンソメ煮
1 切干大根は水洗いし、たっぷりの水に浸けて戻す。
2 水気をきり、ジビエコンソメを浸るくらい入れて煮込む。塩、白コショウで味を調える。

ソース
1 生原酒を半分に煮詰める。
2 ここにジビエコンソメを加え、塩で味を調える。

イノシシ肉を焼く
1 常温に戻したイノシシ肉の表面に、オリーブ油を塗り、塩、コショウをする。炭火で2層を成す脂身の1層目を焼き、2層目の手前までカリッと焼ききる。肉側はさっと焼く。

仕上げ
1 皿に饅頭、黒米、切干大根を盛りつけ、ソースを流す。
2 イノシシ肉を半分に切って盛り、フルールドセルをふる。金山時味噌とくるみのペーストを添える。

猪バラ肉と和栗のポトフ

おいしい脂身をおいしく食べる提案。イノシシは脂が旨いので、口のなかに入れたときに脂身を感じさせるようなかたさを残した。甘い脂とクリの甘さを合わせた一品。

材料（1皿分）
イノシシバラ肉　5cm角2枚
塩、白コショウ　各適量
和グリ　15個
ゴボウ　15cm
ジビエコンソメ（→p.147）　適量
塩、白コショウ　各適量
生クリーム　適量

イノシシ、クリ、ゴボウを煮る

1 イノシシバラ肉に塩、白コショウをふり、クリ、ゴボウとともに鍋に入れ、熱いジビエコンソメを浸るくらい注いで蓋をする。

2 85℃のスチームコンベクションオーブン（スチームモード）で2時間加熱する。

ゴボウのピュレ

1 先のゴボウと煮汁少量をミキサーにかける。塩、白コショウで味を調える。

クリのピュレ

1 クリもゴボウと同様にミキサーにかける。塩、白コショウで味を調える。

2 生クリームを加えて絞り出せるくらいに濃度を調節する。

仕上げ

1 器の中央に、イノシシバラ肉1枚を盛る。その上にゴボウのピュレをのせ、イノシシバラ肉をもう1枚重ねる。

2 絞り袋にクリのピュレを詰め、モンブランケーキのように絞り出す。周りに煮汁を流す。

猪肉骨付きロース肉
シンプル炭火焼き

牛のTボーンステーキのイメージで骨付きイノシシを焼く。2層の脂身の1層目を炭火で焼ききり、カリッとした食感とその下の脂身を味わう。塩とコショウでシンプルに。

材料（1皿分）
イノシシ骨付きロース肉　250g
塩、黒コショウ、オリーブ油　各適量

◎フライドポテト
新ジャガイモ　5個
強力粉　適量
揚げ油（サラダ油）　適量
塩、白コショウ　各適量

レモン　1/2個
ルーコラセルバチコ　3本
フルールドセル　適量

イノシシ肉を焼く
1 イノシシ肉にオリーブ油を塗り、塩、黒コショウをふって炭火で焼く。
2 しばらく温かいところでやすませ、供する前に再度焼く。

フライドポテト
1 新ジャガイモは半分に切り、強力粉をまぶす。
2 160℃の揚げ油で揚げる。火が通ったら油をきり、塩、白コショウで味を調える。

仕上げ
1 ボードにフライドポテトを盛りつけ、肉を盛る。レモンとルーコラセルバチコを飾る。フルールドセルを添える。

野兎のロワイヤル

カベルネやメルローとは一味違う、酸味のある密度の濃い山ブドウ品種「小公子」を使ったワインでソースをつくった。牛や豚ではなく、野性味の強いジビエにこそ合う力強いワイン。

材料（1皿分）
ノウサギ　1羽
マリナード＊　適量
背脂シート＊＊　1枚
ファルス
├ ノウサギのウデ、モモ、ハツ、レバー　計380g
├ A
│ ├ エシャロット（みじん切り）　10g
│ ├ ニンニク（みじん切り）　2g
│ ├ 塩　5g
│ ├ 白コショウ　1g
│ ├ キャトルエピス　1g
│ ├ アルマニャック　15cc
│ ├ 赤ワイン　15cc
│ ├ 卵　60g
│ └ 黒トリュフ（みじん切り）　10g
フォアグラのコンフィ（→p.149）　400g

◎ソース
ノウサギの血　適量
無塩バター　適量
フォアグラのコンフィ（→p.149）　30g（飾り用）

◎ノウサギのジュ
B
├ ノウサギの骨　1羽分
├ 赤ワイン（小公子）　2本
└ 玉ネギ　1個
赤ワイン　1本
ジビエコンソメ（→p.147）　2ℓ

◎リンゴのピュレ（→p.149）

＊赤ワイン、アルマニャック、塩、白コショウ各適量を合わせる。
＊＊スライスした背脂をウサギの大きさに合わせてカットする。

小公子
（島根／奥出雲ワイナリー）／3780円

非常に濃い赤紫色の野趣溢れる赤ワイン。山ブドウの交配種で、小粒ながら高い糖度と強い色素がある。酸が強いが、醸造でコントロールしてまろやかに仕上げた。

ノウサギのマリネ
1　ノウサギをウデ、胴、モモ、内臓に分ける。
2　胴はガラを取り除き、1枚に開く。なかに溜まっている血液は取り除く。
3　2にマリナードをふりかけて一晩マリネする。

ファルス
1　ウデとモモの骨をはずし、内臓とともにミンサー（3mmメッシュ）で挽く。
2　挽いた肉とAを合わせる。

バロティーヌ
1　フォアグラのコンフィはラップで巻き、直径4cmのロール状にする。
2　マリネした胴肉を広げて、上に背脂シートを広げて重ねる。ファルスをのばし、フォアグラのコンフィが中心になるように胴肉で巻く。寒冷紗で包み、タコ糸で巻く。

ノウサギのジュ
1　まずベースBをつくる。ノウサギの骨を砕き、180℃のオーブンで焼く。
2　1の骨と赤ワイン（小公子）1本を鍋に入れて沸かす。焼いた玉ネギを4等分に切って加え、2時間弱火で煮る。
3　2をシノワで別鍋に漉す。ここに赤ワイン（小公子）を1本分加え、強火で煮詰める。1/3量程度煮詰める。ベース完成。

バロティーヌに火を入れる
1　先のベースに赤ワイン1本とジビエコンソメを加え、バロティーヌを入れて蓋をする。
2　85℃のスチームコンベクションオーブン（スチームモード）で3時間加熱する。

仕上げ
1　バロティーヌの寒冷紗をはずし、3cmの厚さに切る。煮汁のなかで温め、皿の中央に盛る。
2　煮汁は塩、コショウで味を調え、バターでモンテする。血でつないでソースを仕上げる。
3　バロティーヌの上にソースを流し、飾り用のフォアグラのコンフィ、リンゴのピュレを添える。

南会津産つきのわ熊の モモ肉のロースト

クマの肉はほとんどが脂身である。しかもとろりと柔らかい。長期熟成させて、脂身の水分を抜いて使いたい。

材料（1皿分）
ツキノワグマモモ肉　600g
塩、黒コショウ　各適量

◎ジャガイモのロースト
ジャガイモ　2個
ニンニク（皮付き）　4片
塩、コショウ　各適量
フレッシュタイム　4枝
オリーブ油　適量

クマ肉を焼く
1. ツキノワグマのモモ肉は塩、黒コショウをふり、軽く肉にすり込む。
2. フライパンにツキノワグマの脂をひき、モモ肉を入れ100℃のスチームコンベクションオーブン（オーブンモード）で芯温52℃になるまで焼き上げ、予熱でやすませておく。

ジャガイモのロースト
1. ジャガイモは皮をむき、厚めの輪切りにする。
2. フライパンにオリーブ油をひいて熱し、ジャガイモとニンニクを入れ、塩、コショウをふる。
3. フライパンごと160℃のオーブンに入れ、香ばしくローストする。仕上げにフレッシュタイムを加え、よく炒め合わせる。

仕上げ
1. 160℃のオーブンにツキノワグマを入れて温める。取り出してフライパンで表面を焼いて、カリッとした食感をつける。
2. 皿にジャガイモとニンニクを盛り合わせて、切り分けたツキノワグマを盛りつける。ミニョネットとフルールドセルをふる。

ジビエのキュリー

地方では「ジビエはカレーで」という使われ方をしているが、ここでは新しいジビエカレーを提案する。欧風カレーソースをつくり、イノシシとシカは炭火で焼いて添えた。ジビエのクセをカレーでおおい隠すのではなく、おいしく食べてもらうことを考えた。

材料（1皿分）
イノシシとエゾシカモモ肉　計80g
塩、コショウ、オリーブ油　各適量
ご飯　180g

◎カレーのベース
無塩バター　50g
玉ネギ（みじん切り）　1個
小麦粉　45g
ニンニク（みじん切り）　2片
カレー粉　80g
ココナッツミルク　300cc
リンゴ（さいの目切り）　2個
バナナ（さいの目切り）　1本
フォンドヴォライユ（→p.147）　750cc
ブーケガルニ　1束
トマトピュレ　80g
塩　適量

アーモンドスライス（ロースト）　1つまみ
レーズン　5粒
パセリ（みじん切り）　1つまみ

◎フリット（→p.149）

カレーのベース

1 鍋にバター、玉ネギ、塩を加える。中火にかけ、玉ネギがしんなりするまで木ベラで混ぜながらそのまま火にかけ、小麦粉を加えて炒める。
2 小麦粉の粉っぽさを抜き、こがさないように全体にとろみをつける。
3 ココナッツミルク、カレー粉、リンゴ、バナナ、フォンドヴォライユ、ブーケガルニ、ニンニク、トマトピュレを加える。
4 蓋をして2時間ほど弱火で煮てとろりとさせ、全体の香りをなじませる。
5 鍋の中身をミキサーに入れ、ブーケガルニを取り除く。ミキサーを回してピュレにする。シノワで漉し味を調える。

肉を焼く

1 イノシシ肉とシカ肉は塊のまま表面にオリーブ油を塗り、塩、コショウをふって炭火で焼く。

仕上げ

1 器にご飯を盛り、上にアーモンドスライス、レーズン、パセリを散らす。
2 食べやすく切った肉を盛りつけ、フリットを添える。カレーのベースを注ぐ。

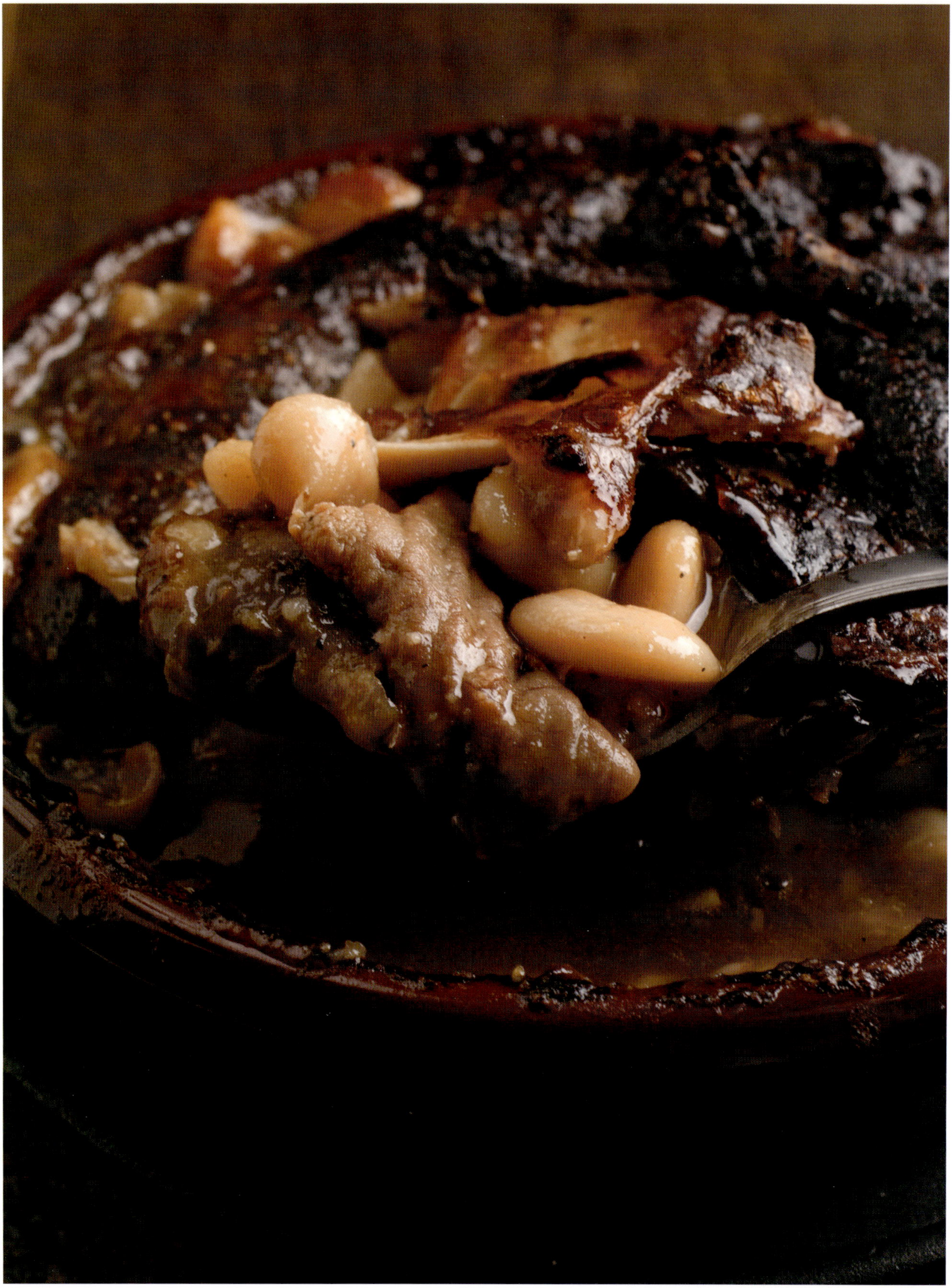

ジビエのカスレ

冬向きの濃厚な料理。オーダーが入ったらオーブンで焼くだけ。器に詰めて冷蔵庫でスタンバイしておける便利な料理を紹介する。国産の白インゲン豆を使うと、煮崩れてキュイソンにほどよくとろみがつく。

材料（1皿分）
イノシシのソーセージ　1本
マガモモモ肉のコンフィ　2本
マガモ内臓（ハツ、砂肝、レバー）　2羽分
塩、黒コショウ、強力粉　各適量
ラード　適量
キュイソン
├ 白インゲン豆（国産）　400g
├ トマトピュレ　100g
├ フォンドシュヴルイユ（→p.147）　2ℓ
├ 塩、コショウ　各適量
└ ラード　少量

◎イノシシのソーセージ
イノシシウデ肉　800g
豚背脂　200g
塩　12g
白ワイン　60cc
キャトルエピス　1.5g
ニンニク（みじん切り）　10g
エシャロット（みじん切り）　30g
豚腸　適量

◎マガモモモ肉のコンフィ
マガモモモ肉（骨付き）　1kg
塩　20g
黒コショウ　適量
ニンニク（スライス）　適量
タイム　適量
ラード　適量

イノシシのソーセージ
1　イノシシ肉と背脂を3cm角に切り、他の材料と混ぜ合わせて一晩マリネする。
2　これをミンサーで挽き、スタッファーで豚腸に詰める。1本15cmの長さにねじっていく（→p.103）。

マガモモモ肉のコンフィ
1　モモは他の材料と合わせ一晩マリネする。
2　鍋にラードを溶かし、80～85℃に保つ。ここに1のモモを入れ、3～4時間ゆっくり煮る。柔らかくなったらそのまま冷ます。

キュイソン
1　白インゲン豆は一晩水に浸けたのち、塩を加えた水からゆでる。7割ほど火が入ったらザルに上げる。
2　鍋にフォンドシュヴルイユ、トマトピュレ、白インゲン豆を入れる。塩、コショウ、コクだしのラードを少量加えて煮て豆に味を入れる。豆が柔らかくなったら最後にもう一度塩、コショウで味を調える。

内臓、コンフィ、ソーセージを焼く
1　マガモの内臓に塩、コショウして強力粉をまぶす。フライパンにラードを溶かし、マガモの内臓を軽くソテーする。
2　別のフライパンでコンフィとソーセージの表面を軽く焼く。

仕上げ
1　耐熱の器にキュイソンを流し、コンフィ、ソーセージ、内臓を盛り込む。冷蔵庫で1日おく。
2　230℃のオーブンで30分間焼く。途中、表面の焼き色がついたゼラチン質の膜をなかに入れ込む。
3　2を何度かくり返して、さらにコクと深みを出す。きれいに焼けたらでき上がり。

本州鹿のブーダンノワール

ブッパのクリスマスデザートの定番メニュー。ブーダンは腸詰にしないほうがなめらかに仕上がり、口のなかに残らない。シカの血はさらっとしているので、チョコレートやクリでコクを加えた。

材料（5皿分）
シカの血　250cc
豚背脂　63g
玉ネギ（ピュレ）*　125g
無塩バター　50g
生クリーム　125cc
マロンピュレ　40g
塩　9g
キャトルエピス　1.25g
白コショウ　1g
カソナード　適量

◎チョコレートと鹿の血のソルベ
クーベルチュール　150g
牛乳　500cc
ココアパウダー　75g
生クリーム　300cc
カルヴァドス（プティカルヴァドス）　50cc
グラニュー糖　50g
シカの血　150cc

リンゴチップ**　1枚

＊皮付きのままアルミホイルで包み、160℃のオーブンで1.5時間焼く。冷めたら皮をむき、ハンドブレンダーで回す。冷凍保存可能。
＊＊リンゴを薄く縦にスライスし、粉糖をかけて100℃のオーブンで3時間加熱して乾燥させる。

プティ カルヴァドス
（長野／小布施ワイナリー）／2800円

華やかで甘い香り、マイルドな味わい。長野産のリンゴを使用し、蒸留し樽熟成させたもの。リンゴ由来の華やかな香りに樽熟成からくるフレーバーが層を成す。

チョコレートと鹿の血のソルベ
1　牛乳を鍋に入れ弱火にかける。グラニュー糖とココアパウダーを混ぜ合わせて牛乳に加え、泡立て器でよく混ぜる。溶けたらシカの血を加える。
2　ボウルに移し、クーベルチュールを入れて溶かす。
3　氷水に当てて冷やす。冷えたら生クリームとカルヴァドスを加え、ソルベマシンにかける。

ブーダンノワール
1　豚背脂をミンサーで挽く。鍋に入れて弱火で溶かし、玉ネギのピュレを加える。甘みが出たら、生クリーム、バターを加えて煮詰める。
2　マロンピュレ、塩、キャトルエピス、白コショウを加えて混ぜ、シカの血を加える。
3　耐熱皿に注ぎ、160℃のスチームコンベクションオーブン（コンビモード）で40分間焼く。粗熱をとり、冷蔵庫で冷やす。

仕上げ
1　ブーダンノワールにカソナードをふり、バーナーで焼く。ソルベを飾り、リンゴチップをさす。

フォン・コンソメ・ソース・生地

フォンドヴォライユ

材料（仕上がり2ℓ）
鶏ガラ　10kg
玉ネギ（2等分にカット）　10個
ニンジン（3等分にカット）　4本
セロリ（ニンジンの大きさ）　4本
水　適量
フレッシュタイム　4枝
ローリエ　6枚
白粒コショウ　10粒
グロセル　適量

1 鶏ガラを水にさらし、血合を取り除く。
2 鍋に鶏ガラを入れ、浸るくらい水を注ぐ。強火にかけ、沸騰したらアクを取り、残りの材料を加える。
3 再び沸騰したら弱火にする。表面が静かにゆらぐ程度の火加減を保ち、5時間煮る。
4 シノワで漉して冷ます。

フォンドシュヴルイユ

材料（仕上がり2ℓ）
シカの骨　4〜5kg
玉ネギ（3cm角）　3個
ニンジン（3cm角）　2本
セロリ（3cm角）　2本
ニンニク（横半分に切る）　1株
赤ワイン　1.2ℓ
水　20ℓ
黒粒コショウ　10粒
ローリエ　2枚

1 シカの骨を適当な大きさに割って180℃のオーブンで45分間焼く（全体がきつね色になるまで）。
2 寸胴鍋に1の骨、赤ワインを注いで強火にかけて、1/3量になるまで煮詰める。
3 水を注ぎ、沸騰したらアクを取り、残りの材料を加え、弱火で8時間煮込む。
4 シノワで漉して冷ます。

フォンドカナール

材料（仕上がり2ℓ）
カモのガラ　4〜5kg
玉ネギ（3cm角）　3個
セロリ（3cm角）　2本
エシャロット（3cm角）　4個
ニンニク（横半分に切る）　1株
白ワイン　1.2ℓ
水　20ℓ
ローリエ　2枚
タイム　少量
ピーナッツ油　適量

1 カモのガラにピーナッツ油をかけ、180℃のオーブンで30分間焼く（全体がきつね色になるまで）。
2 寸胴鍋に1のガラ、白ワインを注ぎ、強火にかけて1/3量になるまで煮詰める。
3 水を注ぎ、沸騰したらアクを取り、残りの材料を加えて弱火で6時間煮込む。
4 シノワで漉し、冷ます。

ジビエコンソメ

材料（仕上がり16ℓ）
シカ肉　3kg
イノシシ肉　3kg
カモ首つる肉　3kg
カモのブイヨン（→p.148）　20ℓ
玉ネギ（スライス）　10個
ニンジン（スライス）　5本
セロリ（スライス）　8本
トマト　1個
卵白　2kg
ブランデー　750cc

1 肉はすべてミンサーで挽いて寸胴鍋に入れる。これにスライスした野菜類とトマト、卵白を加えてよく練り合わせる。
2 1にカモのブイヨン半量を加えて手で混ぜ合わせ、よく混ざったら残りのブイヨンを加えて、全体が均一に

なるようにさらに混ぜる。
3 鍋を強火にかけ、絶えずかき混ぜる。野菜類やミンチが浮いてきたら弱火にし、液体が透明になるまで静かに煮出す（8時間）。
4 静かに布漉しする。仕上げにブランデーを加え、軽く沸かす。

カモのブイヨン

材料（仕上がり2ℓ）
カモのガラ　10kg
玉ネギ（2等分にカット）　10個
ニンジン（3等分にカット）　4本
セロリ（ニンジンと同じ大きさ）　4本
水　適量
フレッシュタイム　4枝
ローリエ　6枚
白粒コショウ　10粒
グロセル　適量

1 カモのガラを水にさらし、血合を取り除く。
2 鍋にガラを入れ、浸るくらい水を注ぐ。強火にかけ、沸騰したらアクを取り、残りの材料を加える。
3 再び沸騰したら弱火にする。表面が静かにゆらぐ程度の火加減を保ち、5時間煮る。
4 シノワで漉して冷ます。

グラスドヴィヤンド

材料
フォンドヴォー
  ├仔牛の骨　10kg
  ├玉ネギ（2cm角）　4個
  ├ニンジン（2cm角）　2本
  ├セロリ（2cm角）　1本
  ├水　適量
  ├トマト（ざく切り）　4〜5個
  ├ブーケガルニ　1束
  └グロセル　適量
塩、コショウ　各適量

1 フォンドヴォーをつくる。仔牛の骨を寸胴鍋（内径39cm、深さ39cm）に入る大きさに切る。
2 天板に骨と玉ネギ、ニンジン、セロリを並べ、210℃のオーブンで全体が色づくまで焼く。
3 骨と野菜を寸胴鍋に移す。天板に水を注ぎ、天板についた旨みを溶かし、鍋に加える。
4 トマト、ブーケガルニ、グロセルを鍋に入れてひたひたの水を注いで強火にかける。
5 沸騰したらアクを取り除き、弱火にして軽く沸いた状態を保って6時間以上（5ℓになるまで）煮込む。シノワで漉す。フォンドヴォーの完成。
6 フォンドヴォーを鍋に移し、弱火にかける。アクを取り除きながら1ℓになるまで煮詰めてグラスドヴィヤンドとする。
7 必要量を取り分け、さらに煮詰めて、塩、コショウで味を調える。

ヴィネグレットソース

材料（仕上がり約400cc）
塩　8g
黒コショウ　少量
ディジョンマスタード　5g
赤ワインヴィネガー　100cc
オリーブ油　300cc

1 ボウルに塩、黒コショウ、ディジョンマスタード、赤ワインヴィネガーを合わせて泡立て器でよく混ぜ合わせる。
2 オリーブ油を1のボウルに少しずつ注ぎながらよく混ぜ合わせる。

パイ生地（フイユタージュ）

材料（仕上がり600g）
小麦粉（強力粉と薄力粉を半量ずつ）　250g
塩　5g
冷水　150cc
無塩バター（かたいもの）　250g

1 小麦粉と塩を合わせて中央をくぼませ、そのなかに冷水を入れて混ぜ合わせ、耳たぶくらいのかたさに練り上げる。
2 生地を球状にまとめて上から十字の切り込みを入れ、かたく絞ったぬれ布巾に包み、冷蔵庫で30分間以上ねかせる。
3 打ち粉をした台の上に生地をおき、麺棒で四方をのばし、中央に四角く成形したバターをおいて包む。このとき、生地とバターが同じかたさになっていること。またバターを生地で包むときに空気を入れないように注意する。
4 生地の手前と向こう側の端を麺棒で押さえて少しくぼみをつける。
5 生地を麺棒でのばし、もとの長さの約3倍にのばして3つ折りにする。生地を90度動かし、また麺棒でのばし3つ折りにして、乾かないようビニール袋に包んで冷蔵庫で30分間以上ねかせる。
6 これをあと2回くり返して、合計3つ折りを6回行ない、使用するまで冷蔵庫でねかせる。

つけ合せ

フォアグラのコンフィ

材料
フォアグラ　1個（500〜600g）
A
├ 牛乳　1ℓ
├ 塩　30g
├ バニラビーンズ　1/2本
└ コーヒー豆　8粒

1　鍋にAを入れて60℃まで温める。
2　ここにフォアグラを入れ、蓋をして60℃の温度を保ち、3時間温めたのち、火からはずして冷ます。

カブのタタン

材料
カブ　2個
グラニュー糖　適量
無塩バター　適量
パイ生地*　1枚
*セルクルで抜き、炭火で焼く。

1　グラニュー糖を鍋に入れて火にかけ、カラメリゼする。カラメルをココット（内側にバターを塗って冷やしておく）に流す。
2　ここに半分に切ったカブを入れ、180℃のオーブンで1時間焼く。オーブンから取り出し、カブの表面をスプーンの背などで押して、隙間のないように潰す。
3　パイ生地を上にのせ、軽く押さえ、先のオーブンに戻し、パイ生地にしっかり焼き色をつける。

春菊と黄カブのケークサレ

材料（18cmパウンド型1台分）
シュンギクのピュレ*　50g
黄カブ（あられ切り）　1個
シェーブルチーズ（あられ切り）　60g
薄力粉　100g
ポレンタ粉　50g
ベーキングパウダー　4g
塩　2g
白コショウ　1g
牛乳　70g
卵　3個
溶かしバター　10g
エスプレット**　1.5g
*シュンギクを熱湯でゆでてフードプロセッサーにかける。
**バスク産パプリカ粉。

1　薄力粉、ポレンタ粉、ベーキングパウダー、塩、コショウを合わせ、牛乳、溶き卵、溶かしバター、シュンギクのピュレを混ぜ合わせる。混ざったらシェーブルチーズ、黄カブ、エスプレットをさっくりと合わせる。
2　型にバター（分量外）を塗り、パラフィン紙をしく。生地を流し、180℃のオーブンで25分間焼く。熱いうちに型から取り出し、網の上で粗熱をとる。

リンゴのピュレ

材料
リンゴ（紅玉）　1玉
グラニュー糖　25g
レモン汁　5cc

1　リンゴは皮をむき、6等分に切って芯を抜き、スライスする。
2　鍋にすべての材料を入れて、160℃のオーブンで20分間加熱する。
3　取り出して冷まし、ミキサーにかける。

フリット

材料（1人分）
タラの芽　2個
ウド　5cm
フリット衣
├ 強力粉　20g
├ コーンスターチ　20g
└ ビールの泡　適量
揚げ油　適量

1　タラの芽は掃除し、ウドは皮をむいて4等分に縦に切る。
2　材料を混ぜ合わせて衣をつくる。
3　この衣にタラとウドをくぐらせて、170℃の揚げ油で揚げる。

金山寺味噌とくるみのペースト

材料（つくりやすい分量）
金山寺味噌　100g
クルミ（ロースト）　50g
白トリュフオイル　2g

1　すべての材料をフードプロセッサーに入れて回す。

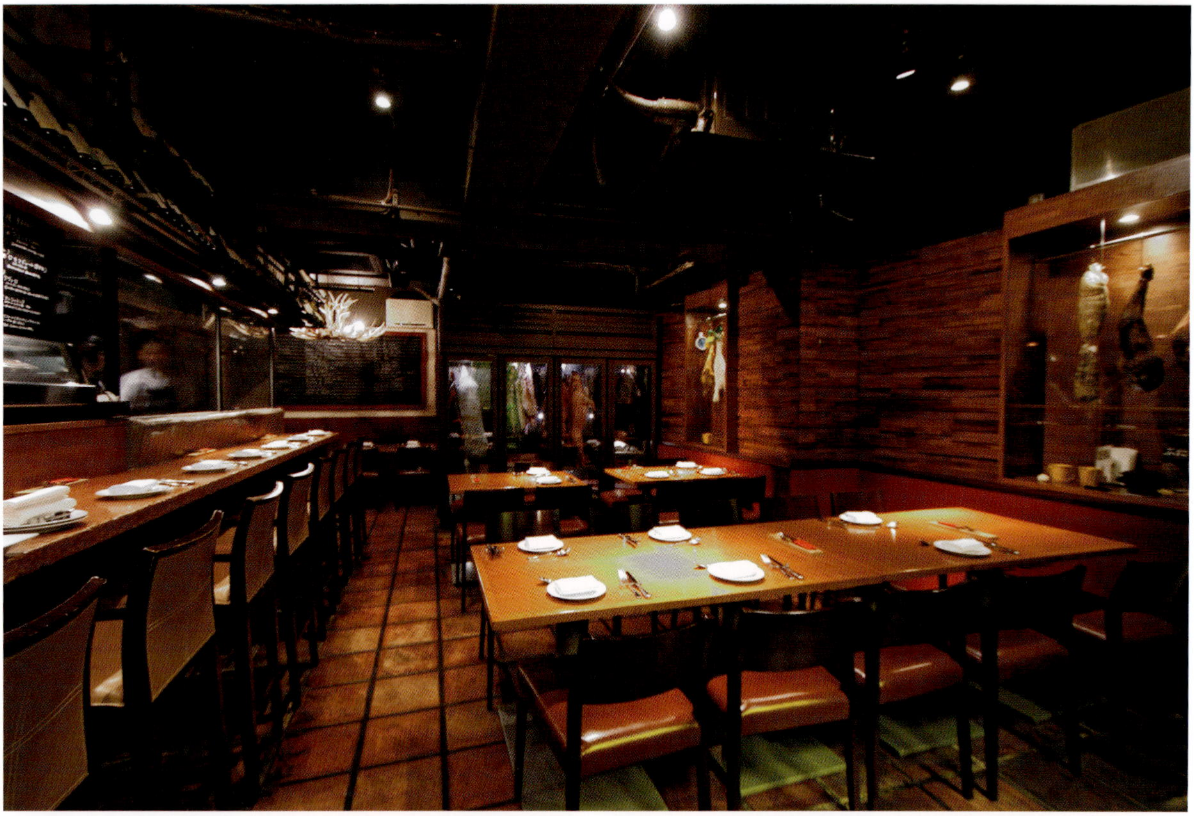

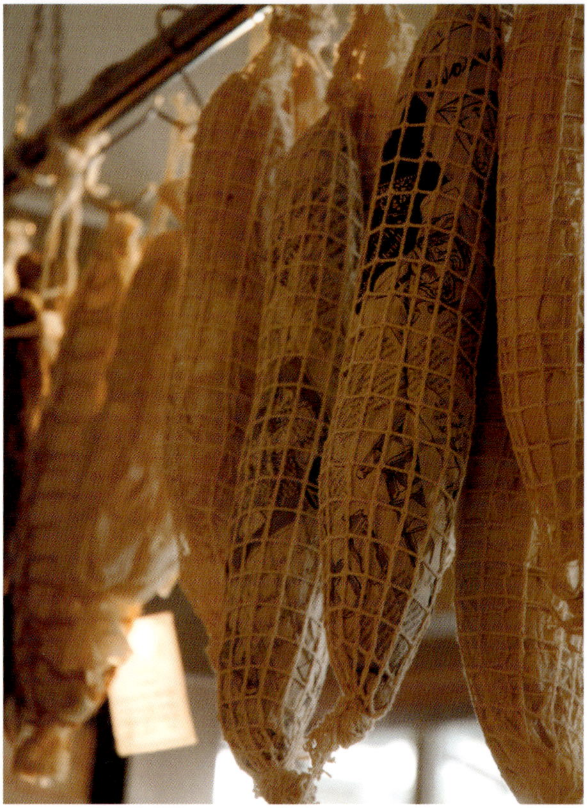

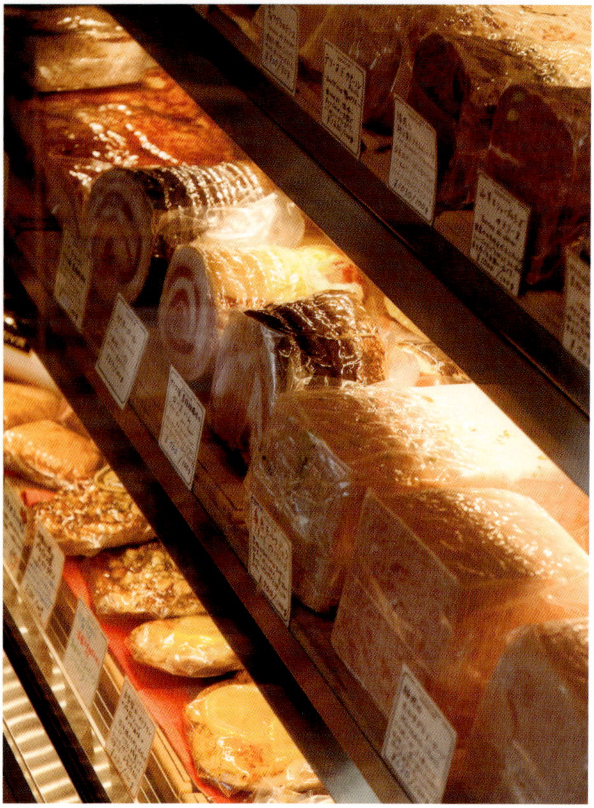

神谷 英生（かみや・ひでお）

1967年新潟県糸魚川市生まれ。高校卒業後、86年新潟「マブペイーヴル」でフランス料理の修業を始める。その後上京し、1991年に六本木・泉ガーデン「住友迎賓館」に入社。1997年に東宝グループの総料理長に就任し、数々のパーティを指揮、同時に世界各地に出向いて料理修業を積む。

2004年、東京・中目黒に現レストランマネージャーの山崎武指氏と共に「トロワピエロ」を開店。2009年「ラ・ブーシェリー・デュ・ブッパ」に名称変更し、店内に熟成庫を構え、熟成肉の第一人者として熟成肉に力を入れる。

2011年、東京・青葉台に熟成肉とジビエ肉を使用した自家製シャルキュトリ（加工肉）専門店の「フレンチデリカテッセン カミヤ」をオープン。現在は食肉加工品の製造をメインに、現場にて指揮、指導にあたる。その他、地方自治体からの依頼で講習会や講演会の講師として、熟成肉とジビエ肉の普及に努める。（2011年『蝦夷鹿サミット』、2012年『野生鳥獣を利用したジビエ料理の開発・普及推進』、2013年石川県主催『ジビエの調理・試食講習会』など多数）

おもな著書に『ハム＆ソーセージ大全』（スタジタッククリエイティブ／撮影商品および情報提供）がある。そのほか2009年7月から『月刊養豚界』（緑書房）で執筆中。

ラ・ブーシェリー・デュ・ブッパ
東京都目黒区祐天寺1-1-1
リベルタ祐天寺B1
電話・ファクス／03-3793-9090
http://dubuppa.com
（写真：左ページ上）

フレンチデリカテッセン カミヤ
東京都目黒区青葉台3-17-7
電話／03-6416-4591
ファクス／03-6461-4592
http://www.fdkamiya.com
（写真：左ページ下左、下右、左）

協力スタッフ（50音順）：
相澤 弘（あいざわ・ひろし）
石崎真紀（いしざき・まさき）
神谷いずみ（かみや・いずみ）
田島志保（たしま・しほ）
野村慎太郎（のむら・しんたろう）
山崎武指（やまざき・たけし）

料理人のための
ジビエガイド
上手な選び方と加工・料理

初版印刷　2014年10月5日
初版発行　2014年10月20日

著者Ⓒ　神谷英生（かみや・ひでお）
発行者　土肥大介
発行所　株式会社柴田書店
　　　　〒113-8477
　　　　東京都文京区湯島3-26-9イヤサカビル
　　　　電話／営業部03-5816-8282（注文・問合せ）
　　　　　　　書籍編集部03-5816-8260
　　　　http://www.shibatashoten.co.jp

印刷・製本　凸版印刷株式会社

本書収載内容の無断掲載・複写（コピー）・データ配信等の行為は
固く禁じます。乱丁・落丁本はお取替えいたします。

ISBN978-4-388-06200-3

Printed in Japan